dtv

Es ist Liebe auf den ersten Blick, als die Beagle-Hündin Perth als Welpe ins Haus des Literaturdozenten Martin kommt. Perth ist liebevoll und anhänglich, doch in ihrem Freiheitsdrang lässt sie sich nicht einschränken. Wie gut, dass die schlaue Hündin die Verkehrserziehung bravourös meistert. Viele Umzüge gilt es zu verarbeiten, etliche Abenteuer und Prüfungen zu bestehen, doch zuletzt kann die Familie auf 21 glückliche und erfüllte Jahre mit Perth zurückblicken.

Peter Martin ist Professor für Englische Literatur und hat den größten Teil seines Lebens an der Seite seiner Frau Cindy in Begleitung von Perth verbracht. Heute lebt er in Bury, West Sussex.

Peter Martin

Perth

Aus dem Leben eines Beagles

Aus dem Englischen von Bettina Lemke

Deutscher Taschenbuch Verlag

Für meine Eltern, die Perth frühe Tipps gegeben haben,
für Kay und Otto, die sie zurückbrachten,
und für Barbara Stapeley, die sie gerettet hat.

Juli 2002
Deutscher Taschenbuch Verlag GmbH & Co. KG, München
www.dtv.de

Titel der englischen Originalausgabe:
A dog called Perth. The true story of a beagle
Orion Media, London
Deutschsprachige Ausgabe:

Umschlagkonzept: Balk & Brumshagen
Umschlagfoto: © Getty Images/G. Robert Bishop
Gesetzt aus der Palatino 9.75/12·
Gesamtherstellung: Druckerei C. H. Beck, Nördlingen
Gedruckt auf säurefreiem, chlorfrei gebleichtem Papier
Printed in Germany · ISBN 3-423-20543-1

Kapitel 1

Als wir unseren beigefarbenen VW-Käfer an einem klaren goldenen Septembermorgen im Jahre 1965 durch die wunderbare Landschaft des Bundesstaates New York steuerten, um bei einem dort im Norden ansässigen Züchter unseren Beagle zu kaufen, konnten wir nicht im Geringsten ahnen, was uns erwartete. Wir rechneten mit den üblichen Ausgaben und Unannehmlichkeiten, hätten uns jedoch nie träumen lassen, welchen tiefen und nachhaltigen Einfluss unsere neue Gefährtin auf unser Leben haben würde. Mit unserer Beagle-Hündin sollten meiner Frau Cindy und mir weitaus größere Prüfungen, Ängste und größeres Leid bevorstehen, als die meisten Hunde ihren Familien jemals bescheren. Einen guten Teil hatten wir uns selbst zuzuschreiben, aber diese Hündin würde niemals einfach nur ein Haustier sein. Sie war eher wie eine Kraft, wie eine Lebensart, eine Weise, Dinge zu betrachten, eine Freundin, eine Inspiration, ein Abenteuer. Sie schenkte uns größte Freude, aber sie stürzte uns auch in Todesängste.

Wir waren beide Mitte Zwanzig und frisch verheiratet. Wir wollten noch keine Kinder, nur einen Hund. Es war für uns ein günstiger Zeitpunkt, einen zu kaufen. Ich hatte noch ein Jahr bis zu meiner Promotion in Englischer Literaturwissenschaft und schrieb zu Hause an meiner Doktorarbeit, während Cindy jeden Tag loszog, um in der nahe gelegenen Grundschule zu unterrichten. Das Schreiben ist eine einsame Angelegenheit, daher dachte ich, dass es mir Freude machen würde, tagsüber einen Hundegefährten zu haben. Unser Zuhause war für einen Hund ideal. Es war eine hübsche Wohnung im ausgebauten Dach über einer großen Garage, malerisch am Ufer des Cazenoviasees gelegen und nur eine Viertelstunde von der Ortschaft Cazenovia entfernt, einer schottischen Siedlung aus dem neunzehnten Jahrhundert. Es gab Wälder und Felder ringsum, einen See zum Schwimmen und Kanufahren und viele Kaninchen, die man jagen konnte. Ein Hundeparadies.

Einen Beagle wollten wir aus praktischen Gründen. Beagles sind intelligent, mutig, mittelgroß, und sie haben kurzes Haar, das sich nicht auf Möbeln und Teppichen verteilt. Außerdem sind sie innerhalb der Familie der Jagdhunde ein guter Kompromiss zwischen schoßsitzenden Dackeln oder Spaniels und dahinschlurfenden, sabbernden Bassets. Ein Beaglezüchter in der Nähe des Green Lakes State Parks hatte zwei oder drei Würfe zur Auswahl, und seine Zucht hatte einen guten Ruf. Als wir auf den Drahtzaun zugingen, hinter dem sich etwa fünfzehn reinrassige Beaglewelpen befanden, begann ungefähr die Hälfte von ihnen, uns wild anzubellen und zu heulen, was Beagles auf sehr überzeugende Weise tun. Die anderen waren müde, desinteressiert und passiv. Sie blickten gelangweilt drein und regten sich nicht im Geringsten. Da wir Ruhe und Frieden sehr zu schätzen wussten, kamen die Lauten für uns nicht infrage. Weil wir aber auch abenteuerlustig waren, sollte es ebensowenig ein langweiliger Hund sein.

»Wir werden auf keinen Fall einen von diesen Schlafmützen nehmen«, sagte ich, »wir brauchen einen lebhaften Hund.«

»Ja, aber keinen zu lebhaften.«

In diesem Moment erblickten wir einen Welpen, der seine Ohren aufstellte und uns ruhig und verständnisvoll ansah. Cindy stieß mich an: »Schau mal, der hübsche Schwarze mit dem braunen Kopf, dort drüben auf dem Rasen, der uns gerade ansieht. Ich wünschte, er würde näher herkommen.«

Der Welpe sah uns weiter intensiv an, bewegte sich aber nicht. Ich war überwältigt von seiner Schönheit, besonders von seinem weichen, runden, braunen Kopf, seiner perfekten weißen Brust und den weißen Pfoten. Plötzlich, als spüre er eine Art Verbundenheit mit uns, sprang er auf und schoss durch die herumtollenden anderen Welpen direkt auf uns zu. Er blieb genau vor uns stehen, stellte sich am Zaun auf und sah uns mit einem verzweifelten, flehenden Blick an. Wir streichelten seinen Kopf und seine Pfoten durch den Zaun hindurch und wussten es sofort.

»Das ist er, ganz bestimmt«, flüsterte ich aufgeregt, »er will zu uns, die anderen nicht.«

»Und wir wollen ihn! Lass ihn uns mit nach Hause nehmen. Sieh nur seine Augen.«

Fünfzig Dollar und zehn Minuten später hatten wir die Papiere des Welpen erhalten, und Cindy hielt ihn in ihren Armen, wo er ruhig und zufrieden war.

»Ach übrigens, bevor Sie gehen«, sagte der stämmige Züchter, als wir gerade aufbrechen wollten, »Sie sollten den Hund lieber von mir mit Ihren Initialen tätowieren lassen. In dieser Gegend werden viele Hunde gestohlen, besonders Beagles. Verrückte Wissenschaftler führen grausame Experimente mit ihnen durch. Einem tätowierten Hund tun sie nichts.«

»Wird es ihm wehtun?«

»Nein, überhaupt nicht.« Und schon legte er meine Initialen, PEM, in seine Tätowierzange ein, schob vorsichtig das linke Schlappohr des Welpen dazwischen und drückte die Zange zusammen. Die Buchstaben erschienen als kleine lilafarbene Linien auf der Innenseite des Ohrs. Der Welpe gab keinen Ton von sich. Es dauerte nur ein paar Sekunden, aber Jahre später sollten sie mit zu den wichtigsten Sekunden unseres Lebens gehören.

Von Anfang an gab es Probleme. Unserem kleinen Freund wurde auf dem Nachhauseweg im Auto schlecht, und er zerkaute in der ersten Nacht einen Teil des Teppichs in der Wohnung. Aber was uns den größten Teil der Nacht wach hielt, war die Frage, wie wir den Hund nennen sollten. Der Name sollte romantisch und fantasievoll sein, nicht banal und gewöhnlich. Es sollte auch kein verniedlichender oder alltäglicher Name sein, und wir wollten auch keinen übertrieben ausgefallenen Namen wie »Mozart« oder »Shakespeare«. Außerdem sollte er die Energie und Schönheit der Hündin beschreiben. Und sie war wirklich wunderschön. Sie war etwas kleiner als die britische Jagdrasse und gehörte zu den amerikanischen »Blanket-Beagles«, die so wegen ihres schwarzen Rückens, der wie eine Decke aussieht, genannt werden. An den Schultern und am Hinterteil ging das Schwarz in einen goldenen Braunton über, der im unteren Beinbereich dann zum reinsten Weiß wurde. Die Brust war ebenso weiß, und das kurze Fell legte sich auf natürliche Weise sanft in verschiedene Richtungen, so dass es an manchen Stellen wie Kämme von Meereswellen aufeinander stieß. Es war ein Vergnügen, mit dem Finger über ihr Fell zu fahren. Der Schwanz war schwarz und hatte eine weiße Spitze. Und die samtenen braunen Ohren, die elegant auf ihre Schultern herabhingen, wie sie es auf unvergleichliche Weise bei Beagles tun, rahmten ihren sanften braunen Kopf ein, auf dem sich in der Mitte eine einzelne dünne weiße Linie entlangzog. Je eine schwarze Linie umgab darüber hinaus ihre Augen, als hätte jemand dort einen Lidstrich aufgetragen.

Ich hoffte, dass er viele der Eigenschaften eines echten Beagles hatte – Keckheit, Einfallsreichtum, Humor, Energie – und dass er sich weigerte, Dummheit zu ertragen. Es würde sich erst mit der Zeit herausstellen, aber es sah gut aus.

»Der Kopf sieht zwar eindeutig weiblich aus, aber ich denke, dass wir ihm keinen weiblichen Namen geben sollten«, sagte Cindy etwa um drei Uhr morgens, während sie ihren Tee schlürfte und der Welpe ausgestreckt auf ihrem Schoß lag.

»Dasselbe habe ich auch gedacht«, antwortete ich und wurde poetisch. »Es würde ihn nur einengen. Er muss sich mit einer ganzheitlichen Identität auf dieser Erde bewegen. Er braucht einen Namen, der ihn nicht auf sein Geschlecht reduziert, einen unverwechselbaren Namen.«

In diesem Moment fiel mir plötzlich ein Name ein. »Perth!

Wir werden ihn Perth nennen, nach Sir Walter Scotts Roman *The Fair Maid of Perth.*« Wir waren vor kurzem aus Schottland zurückgekommen, wo wir den Sommer verbracht hatten, und waren noch ganz erfüllt von der romantischen Landschaft, der Magie der Hügel, Berge und Seen, dem Wind in den Bergen und den wilden Echos. Wir hatten auch die wunderschöne Stadt Perth in den Lowlands besucht, die zwischen Edinburgh und Inverness, in der Nähe der Mündung von Schottlands längstem Fluss, dem Tay, liegt. Die Stadt strahlt eine Milde und Zivilisiertheit aus und hat den Ruf, der angenehmste Ort zum Leben in Großbritannien zu sein. In Schottland entdeckten wir tatsächlich viel Romantik und Abenteuergeist – und dies wollten wir auch in unsere Ehe einbringen.

Mein Vater fand den Namen absurd. »Wie kann man einen Hund nur so nennen?«, fragte er immer wieder. Es stimmte, der Name kam einem nicht so leicht über die Lippen. Aber mit diesem Namen übertrugen wir auf Perth unseren Traum von der Zukunft. Als wir einschliefen, lag sie völlig friedlich zwischen uns auf dem Bett.

Am nächsten Morgen zogen wir unsere Badesachen an und gingen den bewaldeten Pfad zu unserem magischen See hinunter. Dort überraschte Perth uns zum ersten Mal. Es war ein warmer Samstag Ende September, das Wasser war kristallklar und immer noch warm, die Hügel, die den See umgaben, waren in die Morgensonne getaucht, und die Bäume zeigten die ersten Anzeichen ihrer Herbstfärbung. Perth stand mit uns am Ufer, schnüffelte mit großen Augen in die Luft und nahm mit allen Sinnen die Eindrücke ihres neuen Lebens auf.

»Lass uns geloben, dass wir nie an einem Ort leben werden, an dem wir sie anbinden müssen«, sagte ich, während ich sie ansah. »Sie soll immer frei herumrennen können, denn Beagles rennen wirklich viel. Ich habe gehört, dass sie an einem Wochenende bis zu sechshundert Kilometer zurücklegen können, wenn sie Kaninchen und andere Tiere jagen. Sie sehen nicht besonders kräftig aus, aber in ihren geschmeidigen Muskeln steckt viel Kraft. Von ihrer großen Lungenkapazität ganz zu schweigen. Sie werden offensichtlich nie müde.

Das Thema Freiheit spielte in unserem Leben eine wichtige Rolle. Schon bevor Cindy und ich heirateten, wussten wir, wie wir nicht leben wollten. Keiner von uns beiden wollte einen Bürojob. Auch das Geld sollte bei keiner unserer Entscheidungen eine übergeordnete Rolle spielen. So lange wir unser Auskommen hatten, bevorzugten wir einen Lebensstil, der uns genug Zeit und Raum ließ. War das Leben nicht vergeudet, wenn man es stumpfsinnig und in ständiger Wiederholung in beengten Räumen verbrachte, Tag für Tag, Jahr für Jahr, und die illusionären, konventionellen Annehmlichkeiten des finanziellen Erfolgs anstrebte? Mit Geld konnte man vieles kaufen, aber konnte es auch Zeit produzieren, die Zeit, irgendwohin zu fahren und etwas zu sehen?

»Es wäre kriminell, sie jemals anzubinden«, sagte Cindy. »Wir haben sie ausgewählt, weil sie sich uns ausgesucht hat. Meinst du, sie wollte zu uns, weil wir nicht aussehen wie Menschen, die ihren Hund anbinden würden?«

»Es könnte sein. Es ist gut, das zu denken. Wollen wir nicht genau so einen Hund haben, der so frei sein wird, wie wir es gerne sein wollen?«

»Manche Menschen werden denken, dass es unverantwortlich von uns ist, sie nie anzubinden«, antwortete Cindy. »›Warum haben die ihren Hund nicht an der Leine, wie es sich gehört?‹, werden sie sich fragen. Außerdem wird es heißen, dass wir uns nicht um ihre Sicherheit kümmern – sie könnte schließlich überfahren werden oder sich verirren.«

»Irgendwas an Perth sagt mir, dass wir eine Menge Probleme bekommen werden, wenn wir sie jemals anbinden, in einen Raum einsperren oder sie sonst irgendwie einschränken. Ich glaube jedenfalls nicht, dass wir sie einer Gefahr aussetzen, wenn wir sie frei laufen lassen.«

»Warum nicht?«

»Wenn man einen Hund auf das Leben vorbereitet, das man

sich für ihn vorstellt, wird er in der Lage sein, mit diesem Leben umzugehen, genauso wie ein Kind. Ich glaube nicht, dass ein Hund an der Leine selbstständig denkt wie einer, der frei läuft. Es ist, als würde man einen Teil seines Gehirns abschalten. Wenn Perth frei herumläuft, wird sie aufmerksamer und mehr im Einklang mit ihren Instinkten sein. Sie wird sich vor Fremden, die ihr vielleicht etwas zuleide tun wollen, in Acht nehmen und sie wird in der Lage sein, sich zu orientieren. Es ist also eher unwahrscheinlich, dass sie sich verläuft oder dass sie überfahren wird.«

»Das hoffe ich«, sagte Cindy wehmütig.

»Und sie wird außerdem anhänglich sein, wenn wir sie gerade nicht an uns ketten; sie wird zu uns kommen, wenn sie es gerne möchte. Wir werden sie nicht mit Liebe ersticken.«

»Es wird jedenfalls sehr viel mehr Spaß machen, einen freien und abenteuerlustigen Hund zu haben.«

»Sie wird so sein, wie wir selbst gerne sein möchten.«

»Komm«, rief Cindy, »lass uns schwimmen gehen, während sie ihre schöne neue Welt erkundet! Viele warme Tage wie heute wird es nicht mehr geben.«

»Oder noch besser, lass uns mit dem Boot rausfahren und in der Mitte des Sees schwimmen.«

Das taten wir oft. Von dort hatten wir einen schönen Blick auf das Ufer, und außerdem war die Luft noch etwas frischer da draußen. Perth war in den Wald gelaufen und schnupperte an dem Laub des letzten Herbstes. Ohne großes Theater ließen wir sie einfach machen, was sie gerade tat, und paddelten durch das frühmorgendliche, glitzernde Wasser ungefähr bis zur Hälfte des Sees hinaus. Man hörte keine anderen Geräusche als das Gezwitscher der Vögel.

»Ich wünschte, wir müssten nie fort und könnten für immer hier bleiben«, flüsterte Cindy nach ein paar Minuten. Sie sah einen Moment betrübt aus, als sie plötzlich daran dachte, dass ich nächsten Sommer meine Doktorarbeit abgeschlossen haben würde und eine Stelle als Lehrer an einer Universität suchen musste, irgendwo weit weg von diesem Paradies am See, inmitten der sanft getönten Hügel.

»Wir sind jetzt ungefähr in der Mitte«, sagte ich. Ich verstaute die Paddel im Kanu und blickte zurück zum Ufer. »Von Perth ist nichts zu sehen; vielleicht steckt sie mittlerweile schon in einem Kaninchenbau.« Ich musste die Augen zusammenkneifen, da das Wasser die blendende Sonne mit unzähligen tanzenden, hellen Lichtern reflektierte.

»Du zuerst«, sagte ich. Cindy ließ ihren geschmeidigen sonnengebräunten Körper ins kühle Wasser gleiten. Ich folgte ihr. Wir schwammen ums Boot herum, tauchten darunter hindurch und ließen uns faul auf dem Rücken treiben. Als ich nach einer halben Stunde ins Boot zurückkletterte, hörte ich ein Prusten und Schnaufen hinter mir. Ich drehte mich um, und da war Perth!

»Ich glaube es nicht«, rief ich. Cindy, die bereits im Kanu döste, sprang auf und hätte das Boot beinahe zum Kentern gebracht.

»Was ist los?«, fragte sie.

»Es ist unglaublich. Wir sind nicht alleine. Was für ein Tier! Es ist Perth. Sie ist die ganze Strecke bis hierher geschwommen. Wie wunderbar!«

Cindy beugte sich über den Kanurand, fasste Perth fest unter ihren Vorderbeinen und hob sie hinein. Sie schüttelte sich, bellte mich kurz an, als ich mich seitlich am Kanu festhielt, und lief zum Bug, wo sie Posten auf dem Vordersitz bezog und ihren Blick über den See schweifen ließ. Sie machte überhaupt kein Theater. Sie winselte nicht und wedelte auch nicht endlos mit dem Schwanz. Es war, als habe sie sich als Mitglied eines neuen Triumvirats behauptet. Ich kletterte wieder ins Kanu und mit Perth am Bug paddelten wir langsam zum Ufer zurück. »Ich hätte nicht gedacht, dass ein so kleiner Hund so weit schwimmen kann«, war alles, was Cindy sich zu sagen erlaubte. Ich paddelte nur und betrachtete dabei die Hinterseite von Perths braunem hoch erhobenen Kopf.

Die nächsten Tage verbrachten wir damit, uns kennen zu lernen und durch die Wälder und Wiesen entlang des Sees zu wandern – Perth war mit Übereifer bei der Sache. Überall spürte sie Fährten auf, bellte freudig los und streunte weit entfernt von uns herum. Aber sie wusste stets genau, wo wir waren. Sie verhielt sich nicht im Geringsten wie ein Welpe, der vom Bauch seiner Mutter direkt in einen Käfig gelangt und erst vor einem Tag von dort in eine neue Existenz entlassen worden war. Außer wenn sie mit dem Nachbarshund spielte, einem riesigen Bernhardiner namens Frederick.

Frederick war das genaue Gegenteil von Perth: Er war groß, langsam, berechenbar, sabberte grundsätzlich alles und jeden voll und hatte ein überaus dichtes, langes Fell. Außerdem war er extrem liebesbedürftig. Die beiden Hunde begegneten sich häufig. Man wusste es sofort, wenn sie zusammen gewesen waren, da Perths Kopf dann jedes Mal patschnass von Fredericks Speichel war, wenn sie nach Hause kam. Frederick sah so aus, als könnte er Perth mit einem Bissen verschlingen, aber tat nie etwas Gefährliches. Er nahm Perths Kopf lediglich spielerisch in sein weit geöffnetes Maul. Wenn die beiden dann auf dem Boden herumrollten, ergoss sich sein Speichel wie ein warmer Wasserfall über Perth. Fredericks Zähne hinterließen dabei nie auch nur den kleinsten Kratzer auf dem Welpen. Dieser rächte sich, indem er etwa zehn Meter Anlauf nahm, mit Karacho auf den Bernhardiner zurannte und sich mit voller Wucht gegen seine Seite oder seine Brust knallen ließ. Dabei prallte er ab und wiederholte sofort seine Attacke. Frederick spürte es kaum und sabberte lediglich noch mehr. Die beiden liebten sich heiß und innig, aber Frederick konnte mit seinem massigen Körper nicht an Perths schnellem und entdeckungsfreudigem Leben teilhaben. Er konnte es lediglich erahnen. Er war immer angebunden. Sie konnten nie zusammen im Hundeparadies umherstreifen. Der Bernhardiner sabberte lediglich etwas stärker als sonst, wenn er Perth sah.

Während der Herbstmonate begann ich, Perth eine Reihe

von ausgefeilten Kunststücken beizubringen, um etwas Abwechslung in meine langen Tage zu bringen, die ich alleine zu Hause verbrachte. Sie lernte sie mühelos.

»Verbringst du deine Zeit damit, ihr albernen Quatsch beizubringen?«, fragte Cindy eines Tages, als sie vom Unterricht nach Hause kam. Sie hatte gesehen, wie Perth mit einer Scheibe Wurst auf der Nase fünf Sekunden lang auf ihren Hinterbeinen stand, ohne sie zu fressen. »Ich bringe Kindern das Lesen bei und du machst aus dem Hund eine Zirkusartistin!«

»Hm ja, aber im Gegensatz zu vielen deiner Schüler lernt Perth mit überaus großem Eifer. Sie verfügt über so viel Intelligenz, dass ich das Gefühl habe, man muss sie anzapfen.«

»Wie wäre es, wenn du deine eigene eingedämmte Intelligenz stattdessen mal anzapfen würdest und mit dem Schreiben weiterkämst? Wenn du deine Arbeit nicht bis zum August fertig hast, kannst du den Job an der Universität, der dir angeboten wurde, nicht annehmen. Dann werden wir arm sein und müssen Perth verkaufen«, sagte Cindy. Währenddessen probierte Perth ein paar ihrer Kunststücke aus, um unsere Aufmerksamkeit auf sich zu lenken. In schneller Abfolge machte sie drei Rollen hintereinander, setzte sich, stellte sich hin, legte sich schließlich auf den Boden.

»Sieh dir das an«, sagte ich strahlend.

»Für mich sieht das programmiert aus. Warum macht sie alle diese Kunststücke auf einmal?«

»Vor allem aus Stolz, aber auch, weil sie Hunger hat und noch ein Stück Wurst haben möchte. Wenn sie mit einem Kunststück nicht erreicht, was sie will, versucht sie in der Regel gleich eine ganze Reihe auf einmal.«

»Wie viele Kunststücke hast du ihr beigebracht?«

»Achtzehn.«

Als ob sie die Frage selbst beantworten wollte, begann Perth rhythmisch zu bellen.

»Um Himmels willen, ist das auch ein Kunststück? Ihr Bellen hört sich jetzt nicht mal mehr natürlich an.«

»Keine Angst, sie ist noch in der Lernphase. Bald wird sie das differenzieren und dann nur noch auf Kommando so bellen. Es ist gut für sie. Es schärft ihren Verstand.«

»Ich frage mich, welche Wirkung es noch auf ihren Verstand haben könnte, von deinem mal ganz abgesehen.«

In diesen Monaten brachte ich Perth auch wichtigere Dinge bei, vor allem, wie sie sich vor den gefährlichen Straßen und dem Verkehr in Acht nehmen sollte. Am häufigsten werden Hunde durch Autos getötet. Ich begann an einer Straße mit ihr zu üben, die ungefähr dreißig Meter von unserem Haus entfernt war. Es war eine einsame Straße, aber hin und wieder kamen rücksichtslose Autofahrer vorbei. Bei den Kunststücken ging ich spielerisch vor, aber bei diesem Teil der Erziehung war ich gnadenlos. Ich wollte erreichen, dass sie allen Straßen auf dem Planeten Erde misstraute. Nachdem ich ihr beigebracht hatte, keine Pfote auf die Straße zu setzen, außer wenn sie bei mir war, stellte ich sie auf die Probe. Ich stand auf der einen Straßenseite, während sie auf der anderen wartete. Ich ließ ein Stück Fleisch oder ein anderes leckeres Häppchen vor mir hin- und herbaumeln und lockte sie mit verführerischen Worten: »So ein guter Hund; komm mit, Perth, lass uns eine Runde joggen gehen. Na los, komm *hierher!*« Anfangs konnte sie nicht widerstehen und überquerte die Straße, aber nach rund einer Woche blieb sie stehen und widerstand allem, was ich tat, um sie hinüberzulocken. Dann nahm ich sie mit nach Cazenovia und zum Missfallen sowie zur Erheiterung von Passanten stellte ich sie an der High Street auf die Probe. Das verlangte ihr aufgrund des Lärms und des Tumults ringsum eine höhere Konzentration ab, aber sie begriff sehr schnell. Sie ließ sich nicht von Menschen ablenken, die stehen blieben, um sie zu beobachten, und rührte sich nicht vom Bordstein fort. Es war zwar etwas riskant, aber ich war vorsichtig, und sie begriff, worum es ging. Es gelang mir, sie absolut straßensicher zu machen. Es war eine Lektion, die ihr zukünftig noch häufig das Leben retten sollte.

Kapitel 2

Dieser erste Winter mit Perth war der schlimmste, den dieser Teil des Landes seit Jahrzehnten erlebt hatte. Vor Weihnachten fiel die Temperatur unter minus 20 Grad, und es blieb wochenlang so kalt. Der See fror zu und verwandelte sich in eine harte, glasähnliche Fläche, mehrere Quadratkilometer perfektes Eis erstreckten sich vor unseren Augen: ein Wunderland für Schlittschuhläufer. Man konnte meilenweit auf seinen Schlittschuhen dahinschnellen und dabei die Sicht auf die sanften Hügel genießen. Auch Fischer kamen mit Anglerausrüstung zum See. Sie sägten Löcher ins Eis, ließen ihre Angelschnüre ins Wasser hängen und warteten; hin und wieder rührten sie im Wasser, damit es nicht zufror.

Wir waren mit die Ersten auf dem Eis. Perth rannte und schlitterte mit uns mit, und wir liefen mit unseren Schlittschuhen kreuz und quer über den See. Von Zeit zu Zeit legten wir am Ufer eine Pause ein und setzten uns auf einen Baumstamm, um uns auszuruhen und etwas heißen Tee aus der Thermoskanne zu trinken. Perth war jetzt fast ausgewachsen und da sie den ganzen Herbst über ständig frei herumgelaufen war, hatte sie sehr kräftige Muskeln bekommen. Auf dem Eis zu sein war für sie die reinste Ekstase. Am besten gefiel es ihr, weit vorauszulaufen, kurz innezuhalten, sich dann umzudrehen und mit maximaler Geschwindigkeit direkt auf uns loszuschießen und schließlich, anstatt in uns hineinzudonnern, wie sie es bei Frederick machte, seitwärts auszuweichen und einen großen Bogen zu schlagen. Das ging endlos so dahin. Sie war unermüdlich, ein schwarz-braunes Fellbündel mit einer weißen Brust, das wie ein geölter Blitz immer größere Kreise zog. Sie war wie in Trance, als ob sie durch etwas angetrieben wurde, das sie nicht zur Ruhe kommen ließ.

Was den Schnee betraf, konnten die älteren Leute, die ihr ganzes Leben schon in Cazenovia verbracht hatten, sich nicht daran erinnern, dass es schon jemals so viel geschneit hatte. Über ein halber Meter fiel ein paar Tage nach Weihnachten – zu spät für eine weiße Weihnacht – und es schneite weiter. Während eines Sturms Ende Januar, der noch heute der »Große Schneesturm« genannt wird, fiel innerhalb von ein paar Tagen ein weiterer Meter, so dass Anfang Februar knapp zwei Meter Schnee lagen, und es sah nicht so aus, als würde er bald schmelzen. Der Schnee machte das Leben vieler Menschen sehr beschwerlich, aber seine schimmernde Magie auf den Hügeln, den Bäumen, auf Scheunen und dem See war atemberaubend. Die gesamte Landschaft war zu einer gedämpften Stille gefroren. Die ganze Natur schien lebendig begraben zu sein. Wenn man eine geräumte Straße zum Laufen fand, hatte man das Gefühl, als sei man allein auf der Welt, ein einsames Wesen, umgeben von Wänden und weißen Schichten unter, neben und über sich. Es war bezaubernd.

Eislaufen konnte man in diesem Winter nicht mehr, nachdem der ganze Schnee gefallen war, aber Perth zog nach wie vor, so gut es ging, ihre Kreise auf der krustigen Oberfläche – und das stundenlang. Die Natur hatte in diesen Monaten ein spannendes Drama für ihr Leben ersonnen, das sie allmählich als selbstverständlich erachtete, als Teil des normalen Lebens. Würde es immer so sein?

Als die Welt im März und April wieder auftaute, war klar, dass ich meinen Doktortitel im Sommer erwerben und wir dann in den Mittleren Westen ziehen würden, damit ich meinen neuen Job beginnen konnte. Keiner von uns beiden freute sich darauf, weil es das Ende unserer Zeit der Unschuld und Frische bedeutete, die wir mit der uns umgebenden Schönheit des Landes und des Wassers, mit unserer neuen und perfekten

Ehe und der Anwesenheit von Perth mit ihrer Kraft und Energie identifizierten. Wir fühlten uns geborgen in unserem Gefühl der Jugend und der Hoffnung. Diese Gegend gegen die relativ flache und prosaische Landschaft Ohios im Mittleren Westen eintauschen zu müssen schien unfair zu sein. Ich dachte sogar daran, den Job sausen zu lassen. Was Perth anging, so musste sie denken, dass es überall so war wie in Cazenovia. Wir konnten sie uns nirgendwo anders vorstellen.

Die letzten Sommermonate am See kamen uns vor wie ein wunderbarer Altweibersommer all dessen, was gut, blühend und herrlich war. Jeden Tag machte Perth meilenweite Streifzüge und erkundete Pfade, die durch Wälder, Weiden, Hügel und einsame Farmen, an Flüssen und Wasserfällen entlang und zu Gärten und Golfplätzen führten. Von der Morgen- bis zur Abenddämmerung war sie völlig frei. Häufig kam sie abends nach Hause und hatte kaum noch Kraft in den Gliedern. Dann schlummerte sie stundenlang bewegungslos; nur manchmal zuckte sie leicht, und ihre Augen rollten hin und her, wenn sie eingebettet in die weichen Kissen der Sessel von ihren Abenteuern träumte. Das Bemerkenswerte war, dass sie immer sauber roch. Man hatte nie unangenehm riechende Hände, wenn man sie angefasst hatte, wie es bei vielen anderen Hunden der Fall ist. Sie hatte auch nie Mundgeruch, was besonders schrecklich für die Besitzer ist, da es in der Regel schlimmer riecht als der übelste Mundgeruch bei Menschen.

Sie hatte manchmal sogar einen verlockenden, fast verführerischen Duft an sich. Wir nannten ihn den Groggy-Hunde-Duft. Besonders Cindy liebte diesen Geruch. Wenn Perth eine Weile geschlafen oder sich irgendwo zusammengerollt hatte, strömte ihr Körper einen warmen, gemütlichen, vertrauten, felligen Duft aus – nicht etwa einen dreckigen oder süßlichen Geruch wie bei Hunden, die nicht genug draußen herumrennen dürfen und bei denen zu wenig frische Luft durch das Fell strömt. Im Gegenteil, der Groggy-Hunde-Duft machte Perth auf mysteriöse Weise anziehend. Offenbar waren wir die Einzigen, die das bemerkten, aber ich dachte oft, dass dieser Duft, wäre es möglich, ihn irgendwie in Flaschen zu füllen, ein ziemlicher Renner werden könnte.

Eine weitere angenehme Eigenschaft von Perth war, dass sie uns fast nie abschleckte. Auch hierin unterschied sie sich von anderen Hunden, die ihre heraushängenden Zungen offenbar als einziges Kommunikationsmittel einsetzen und jeden in ihrer Reichweite abschlecken. Sehr selten kam es vor, dass sie uns ein- oder zweimal kurz ableckte, aber sie tat es bei niemandem sonst. Es hatte nichts mit einem Mangel an Liebe zu tun; es war ein Beweis für ihre intelligente Hingabe und ihre unsentimentale Art.

Eines Abends Anfang Juli, als wir auf dem Steg standen und den schimmernden Pfad des Mondlichts auf dem See betrachteten, als wir den Augenblick auskosteten und uns Gedanken über die Zukunft machten, sagte Cindy: »Ist dir aufgefallen, dass wir uns nie Sorgen um Perth machen? Es könnte sein, dass sie eines Tages überfahren wird oder dass ein wütender Farmer eine Mistgabel nach ihr wirft, dass sie sich ein Bein bricht oder sich verläuft.«

»Perth sich verlaufen«, der Gedanke amüsierte mich, »sie wurde mit einer Magnetnadel in ihrem Kopf geboren, die sie immer sicher nach Hause führt. Sollte ich mich jemals in der Wildnis verirren, würde ich sie unbedingt bei mir haben wollen. Es muss über ihren Geruchssinn hinausgehen, denn sie scheint immer zu wissen, wo es langgeht, ohne jemals vorher dort gewesen zu sein.«

Dann schwiegen wir. Ich dachte noch eine Weile über ihren unfehlbaren Orientierungssinn nach. Jahre später, in einer unglücklicheren Zeit, würde Perth all ihre Instinkte und ihr Durchhaltevermögen einsetzen müssen, um ihren Weg aus einer Wildnis zu finden und zu überleben, aber im Moment war alles gut, und wir waren gelassen und zufrieden mit unserer jungen Welt.

Kapitel 3

Viel zu schnell war der herrliche Sommer vorbei. Ich erhielt meinen Doktortitel, und Anfang September packten wir unsere persönlichen Sachen, hauptsächlich Bücher, in einen gemieteten Lieferwagen. Der Abschied von unseren Freunden fiel uns weniger schwer, als den See zu verlassen, der einige Jahre der Mittelpunkt unseres Lebens gewesen war und an dem Perth sich im Laufe des letzten Jahres zu einem furchtlosen, umherstreifenden, ja sogar aufsässigen Geist entwickelt hatte. Dort, wo wir jetzt hinzogen, im nicht gerade verlockenden Landesinneren von Amerika, würde es keinen See geben.

Als wir zwischen den Kiefern hindurchfuhren, die die Zufahrt zu unserem Haus säumten, und unsere tausendsechshundert Kilometer weite Reise antraten, war der mit goldenen Kiefernnadeln bedeckte Boden hell von der Sonne beschienen. Frederick, der es irgendwie geschafft hatte, von seiner Leine loszukommen, saß bewegungslos da und sah uns mit triefenden Lefzen und einem Ausdruck großer Einsamkeit nach. Perth blickte ihn durch die Heckscheibe starr an, ohne einen Laut von sich zu geben. Sie sah ihn einfach nur an, ohne ihren Blick abzuwenden, so als ob sie wüsste, dass sie ihn nie wieder sehen würde.

Es gibt hier nicht mehr über unseren Umzug nach Ohio zu sagen, als dass wir uns ein schönes Haus am Rande von unerbittlich flachen, landwirtschaftlich genutzten Feldern mieteten. Cindy fand einen Job als Lehrerin in einer Schule, musste aber gut dreißig Kilometer durch endlose Mais- und Weizenfelder fahren, um dorthin zu kommen. Überall, so schien es, gab es Schweinezucht. Ich selbst begann, Seminare über englische Literatur an der Universität zu halten. Es war ein klares, einfaches Leben, in einer belanglosen Landschaft und ohne irgendwelche dramatischen Ereignisse, abgesehen von denen, für die Perth sorgte. Was wir in Cazenovia zurückgelassen hatten, erschien uns bald, wie ein Poet es einmal formuliert hat, wie die »ferne Schönheit und Frische eines Traums«, die wir jetzt nicht mehr wahrnehmen konnten. Wir waren aus dem Paradies geworfen worden. Anstatt eines Sees gab es stinkende Schweinefarmen, statt Hügeln und Kiefernwäldern schnurgerade, staubige Straßen inmitten träger, unbewegter Felder. In der Nähe der Stadt befanden sich sterile Siedlungen mit Häusern, die in ordentlichen Reihen an baumlosen Straßen nebeneinander standen.

Perth spürte, wie öde das alles war, und wusste nicht, was sie mit sich anfangen sollte. Zunächst verlor sie ihren Elan, wie es auch häufig bei Menschen der Fall ist, wenn sie sich langweilen. Ihr Verhalten veränderte sich. Sie hatte zwar völlige Freiheit und konnte gehen, wohin sie wollte, aber statt großartige Taten am See oder auf Pfaden in der Wildnis zu vollbringen, plünderte sie Abfalltonnen. Sie wanderte zu den Schweinefarmen und wälzte sich dort in Schlamm und Dreck. Sie war leicht reizbar und begann andere Menschen anzuknurren. Sie jagte dem Postboten und dem Milchmann Angst ein, da sie wild heulend und mit aufgestellten Nackenhaaren auf sie zurannte, als ob sie sie zerfleischen wollte. Natürlich tat sie nur so, denn sie hatte noch nie jemanden gebissen. Aber die Betroffenen wussten das ja nicht. Es besorgte uns, dass ihre Lebensfreude und Kühnheit sich hier im Mittleren Westen zu einer gefährlichen Ungeduld und Intoleranz verwandelte. Wenn sie mit uns zusammen war, schien alles in Ordnung zu sein, aber alleine war sie wütend und verwirrt. Sie spiegelte unsere eigenen Gefühle ein bisschen wider, wenngleich wir sie besser überspielen konnten als sie.

Eines Tages schockierte sie uns, als sie uns deutlich zu verstehen gab, dass sie sich weigerte, alleine zu Hause zu bleiben. Es war nicht immer möglich, sie draußen zu lassen. Im Nachbarhaus fand an diesem Tag ein Kindergeburtstag statt, und da viele Kleinkinder draußen herumliefen, hielten wir es für das Beste, Perth im Haus zu lassen, während wir für ein paar Stunden weg waren. Wir bekamen einen gehörigen Denkzettel. Als wir nach Hause kamen, fanden wir ein verwüstetes Wohnzimmer vor. Das Sofa war völlig zerfetzt. In blinder Wut hatte Perth die ganze Füllung herausgerissen und sie über den Fußboden verteilt. Es war kaum noch etwas vom Sofa übrig. Auch der Teppich war in keinem viel besseren Zustand; an den Rändern war er eingerissen und zerfetzt.

Als wir ein paar Wochen später einen ganzen Tag lang fort waren, ließen wir Perth in der Garage. Uns war nicht wohl dabei, wir hatten aber keine andere Wahl, da wir gehört hatten, dass ein Hundefänger in unserer Gegend unterwegs war. Die Garage hatte zwei große Holztüren, die sich zur Einfahrt hin öffneten. Als wir am Abend heimkehrten, begegneten wir Perth etwa zwei Kilometer vom Haus entfernt. Sie trottete unbeschwert die Straße entlang, als denke sie sich überhaupt nichts dabei.

»Was macht sie hier draußen?«, rief ich. »Jemand muss sie aus der Garage gelassen haben. Vielleicht ist ihr Bellen den Nachbarn zu viel geworden.« Wir öffneten die Autotür, und sie sprang schwanzwedelnd hinein.

Schon bevor wir in die Einfahrt einbogen, sahen wir, was sie angerichtet hatte. In einer der Garagentüren klaffte ein gähnendes Loch. Sie hatte sich mit Zähnen und Klauen einen Weg hindurch gebahnt.

»Der Hund wird gefährlich«, klagte ich, als ich zur Garagentür ging, »sie muss Kiefer aus Stahl haben.« Überall lagen Holzstücke und -splitter herum. Perth hatte ihr Werk leise vollbracht. Die Nachbarn hatten nichts gehört. Aber ihre wilde Entschlossenheit auszubrechen war erschreckend, als ob sie vom Teufel geritten worden wäre.

»Sie hat durchgedreht«, sagte Cindy, die Perth nun hielt und sanft streichelte. »Was ist denn, Perth, was ist denn nur los mit dir? Du weißt doch, dass wir zu dir zurückkommen. Du musst nicht ausbrechen.«

»Sie hat nicht nur das Holz aus der Tür herausgebissen«, stöhnte ich, als ich mir den Schaden genauer ansah, »es sieht so aus, als hätte sie große Stücke davon zermalmt. Und sieh dir diese tiefen Kratzer an, die sie mit ihren Krallen gemacht hat. Die Tür hält jetzt keinen mehr draußen. Das wird teuer.«

In der nächsten Woche ließen wir sie draußen, wenn wir zur Arbeit fuhren, und das schien zu funktionieren. Wir hatten keine Ahnung, was sie den ganzen Tag trieb, aber zumindest erwarteten uns keine zersplitterten Holzreste oder zerfetztes Füllmaterial oder andere kaputte Dinge, wenn wir nach Hause kamen. Perth hatte ihren Willen durchgesetzt. Ab nun war sie viel glücklicher. Der Teufel war ihr irgendwie ausgetrieben worden.

Am nächsten Wochenende zeigte sie uns allerdings eine neue unerwartete Seite ihres Charakters. Am Samstagmorgen, einem frischen, sonnigen Oktobertag, unterhielten wir uns draußen mit unseren Nachbarn Jim und Mary Jo Clark. Jim war ebenfalls erst vor kurzem an die englische Fakultät der Universität gekommen. Er hielt Kurse über Shakespeare. Er war ein bärtiger, kräftiger junger Mann aus Arizona, der zwei eigentlich nicht zusammenpassende Leidenschaften hatte: das Sammeln antiquarischer Bücher und das Motorradfahren. Vor seinem Haus stand sein riesiges, auf Hochglanz poliertes, gefährlich aussehendes 850er Moto-Guzzi-Monster. Er amüsierte sich über unsere Probleme mit Perth.

»Macht euch nicht zu viele Sorgen über sie«, sagte er. »In drei oder vier Jahren wird sie über diese rebellische Phase hinweg sein. Die Frage ist nur, ob ihr dann noch Geld übrig haben werdet.« Eine sehr hilfreiche Bemerkung.

Perth hörte ruhig zu und sah dabei aus wie der Gehorsam in Person.

»Perths Problem ist nicht ihr Alter, es ist ihr eiserner Wille und ihre Dickköpfigkeit«, antwortete ich. »Sie war schon immer so und hat hier nicht genug zu tun. Es gibt nicht mal andere Hunde in der Gegend, mit denen sie sich anfreunden könnte. Ihr ist langweilig.«

»Sie ist wirklich ein hübscher Hund«, sagte Mary Jo, die versuchte, den Scherz ihres Mannes wieder gutzumachen.

Da fiel mir ein, dass ich Jim um einen Gefallen bitten konnte. »Übrigens, Jim, wir müssen für ein paar Stunden in die Stadt, und es wäre sehr unpraktisch für uns, Perth mitzunehmen. Aber wenn wir es nicht tun, läuft sie uns vielleicht nach. Könntest du sie eventuell festhalten, bis wir weit genug weg sind? Wäre das möglich? Nur ein paar Minuten, dann kannst du sie loslassen, und sie bleibt von alleine da.«

»Na klar, wenn ich damit einem verzweifelten Kollegen helfen kann.«

Als wir wegfuhren, sah ich im Rückspiegel, wie er neben Perth hockte und sie festhielt. Sie sah uns aufmerksam nach.

Zwei Stunden später kamen wir zurück. Perth wartete auf der Veranda und freute sich, uns zu sehen. Ich ging sofort nach nebenan, um mich bei Jim zu bedanken. Er kam zur Tür und hielt ein blutbeflecktes Taschentuch in der Hand. Seine Nase war ebenfalls blutig.

»Was ist mit deiner Nase passiert?«, fragte ich und zitterte etwas.

»Dein Hund hat mich gebissen. Sobald ihr außer Sichtweite wart, versuchte sie freizukommen, und als ich sie fester hielt, drehte sie sich um und biss mir blitzschnell ein Stück von meiner Nase ab.«

»Oh nein! Ist es schlimm? Tut es weh? Es tut mir wirklich Leid, Jim. Das ist schrecklich.«

»Im ersten Moment wusste ich nicht, was passiert war. Es war saubere Arbeit, sehr exakt. Es hat nicht wehgetan. Als ich das Blut sah, habe ich sie losgelassen. Ich habe etwas übertrieben, es ist nicht so schlimm, aber Nasen bluten stark. Sie wollte wirklich hinter euch herrennen, das kann ich dir sagen.«

»Sie hat noch nie jemanden gebissen«, sagte ich schwach. Ich konnte die beiden ordentlichen kleinen Zahnabdrücke rechts und links von seinem Nasenrücken erkennen. »Kann ich irgendwas für dich tun, Jim?«, fragte ich besorgt.

»Schon gut, es sind nur zwei kleine Löcher. Sie wollte mich nicht auffressen, sondern mir nur eine Botschaft übermitteln. Sie hat doch nicht etwa die Tollwut, oder?«

Zu dieser Zeit war es noch kein Volkssport in den USA geworden, sogar seine besten Freunde auf Schmerzensgeld zu verklagen. Jim war höflich und unbekümmert. Ich dagegen fühlte mich sehr unwohl.

Er tröstete mich: »Komm doch auf eine Cola herein. Lass uns das Ganze einfach vergessen. Das ist vielleicht ein Hund. Er hängt sehr an euch. Er sieht wirklich süß aus, bis man versucht, ihn zu etwas zu bringen, das er nicht will. An eurer Stelle würde ich andere Leute warnen, dass sie mit ihren Nasen nicht zu nahe an seinen Kopf kommen sollen.«

Cindy machte sich große Sorgen. An diesem Abend sagte sie: »Es ist ein Problem. Wir können nicht zulassen, dass Perth unsere Freunde beißt. Wir können doch nicht allen unseren Gästen in dem Moment, in dem sie zur Tür hereinkommen, sagen, dass sie ihr mit dem Kopf nicht zu nahe kommen dürfen.«

»Es liegt einfach daran, dass es ihr hier nicht gefällt. Sie muss sich daran gewöhnen. Wir wussten von Anfang an, dass sie kein durchschnittlicher Hund ist. Wir müssen einfach aufpassen, das ist alles.«

Sehr beunruhigt schliefen wir schließlich ein. Perth lag wie üblich am Fußende des Betts. Aber sie schnappte weiterhin nach Menschen und hatte noch zweimal Kontakt mit Nasen. »Nein, beugen Sie sich nicht zu ihr hinunter«, rief ich hektisch, als ein Kollege eines Tages unbesonnen zum Sessel ging und sich zu ihr hinunterbeugte. Es war zu spät. Erschreckend schnell zwickte Perth ihn in seine große Nase, so dass sie sofort zu bluten begann. Ich sah es nicht, sondern hörte es nur. Der arme Mann machte kein großes Aufhebens darum, verabschiedete sich aber leicht erregt.

Wir hatten nicht viel Zeit, uns weitere Sorgen über Perth zu machen, da sich am nächsten Montagmorgen etwas Schlimmes ereignete. Cindy fuhr zur Arbeit und dachte an den anstrengenden Tag, den sie vor sich hatte. Daher konzentrierte sie sich nicht besonders aufs Autofahren. Etwa acht Kilometer von zu Hause entfernt ließ sie das Auto auf einer der kleinen gewundenen Straßen, die sie als Abkürzung benutzte, auf die Gegenspur geraten, während sie um eine Kurve fuhr. Zu dieser Zeit ist auf diesen schmalen Straßen kaum Verkehr, aber genau in diesem Moment kam ihr ein Auto entgegen und sie stießen zusammen. Glücklicherweise war es kein Frontalzusammenstoß, aber es fehlte nicht viel.

Ich war zu Hause in der Küche und unterhielt mich gerade mit Perth, als ein Polizist an der Tür klingelte. Perth heulte so wild wie immer, wenn jemand an der Tür war.

»Sind Sie Peter Martin, der Mann von Cindy Martin?«, fragte er.

»Ja.«

»Dann müssen Sie mit mir zum Krankenhaus fahren«, sagte er trocken, »Ihre Frau hatte einen Autounfall.«

Perth stand neben mir, als der Polizist das sagte, und hörte sofort auf, mit dem Schwanz zu wedeln. Ein eisiger Schauer durchlief meinen Körper, und einige Augenblicke sagte ich gar nichts. Ich verspürte ein Gefühl der Verzweiflung, das ich nicht noch einmal erleben möchte. Ich befürchtete das Schlimmste und sah unsere Welt mit all unseren Plänen und Träumen in sich zusammenstürzen.

»Hat jemand sie angefahren?«, war alles, was ich fragen konnte.

»Ich erzähle Ihnen alles auf der Fahrt. Es hätte schlimmer ausgehen können.«

»Bleib hier, Perth!« Perth verstand den Ton dieses Befehls und blieb ruhig sitzen, als ich ging. Sie wartete den ganzen Tag.

Der Polizist stellte unterwegs einige Fragen, aber ich traute mich nicht, ihn etwas zu fragen. Stattdessen betete ich. Ich bin religiös und besonders in solchen Momenten spüre ich immer, dass Gott uns nahe ist. Wir gingen ins Krankenhaus. Die Gerüche beunruhigten mich. Ich war erst einmal in einem Krankenhaus gewesen. Es war ein fremd wirkender Ort, kalt und metallisch. Man schickte mich einen Korridor entlang, und als ich auf halbem Wege war, öffnete sich eine Tür, und Cindy wurde herausgeschoben. Sie war auf dem Weg in den OP. Sie war hellwach und hatte ihr typisches breites Grinsen im Gesicht, das nicht zu den Schnitten in ihrem hübschen Gesicht passen wollte. Ich konnte meinen schmerzerfüllten Gesichtsausdruck nicht verbergen.

»Mach dir keine Sorgen, Liebling«, sagte sie, »es ist nur ein gebrochenes Bein. Es wird jetzt operiert. Es tut nicht weh. Und in meinem Gesicht sind nur ein bis zwei kleinere Stiche nötig.«

Ich hielt ihre Hand. Alles, was ich sagen konnte, war: »Bis später. Ich liebe dich.«

»Ich liebe dich auch.« Sie wurde bereits den Korridor entlanggeschoben, als sie hinzufügte: »Wo ist Perth?«

»Es geht ihr gut. Sie ist zu Hause. Sie war sehr ruhig, als ich weggefahren bin. Sie schien zu wissen, dass etwas nicht stimmt.«

Cindy lächelte, als sie weiter in Richtung OP geschoben wurde.

Eine Stunde später sagte mir eine Krankenschwester, dass die Ärzte beschlossen hatten, die Operation um ein paar Wochen zu verschieben. Aber sie hatten Cindys Gesichtsverletzungen behandelt. »Fahren Sie jetzt nach Hause«, sagte sie zu mir, »Ihre Frau schläft jetzt. Kommen Sie am frühen Abend wieder.«

Frank Jordan, unser bester neuer Freund von der englischen

Fakultät und ein liebenswürdiger Junggeselle aus North Carolina, war mittlerweile auch ins Krankenhaus gekommen.

»Komm, lass uns was essen gehen, Peter, dann können wir uns unterhalten«, sagte er, »du brauchst Gesellschaft.«

»Danke, Frank, aber ich kann nicht. Ich sollte wirklich zu Perth fahren.« Ich hatte das Gefühl, dass es mir am besten täte, wenn ich bei ihr wäre.

»Nun gut, dann komm zum Abendessen zu mir.« Ich war einverstanden und fuhr nach Hause.

Perth erwartete mich ruhig. Ich umarmte und streichelte sie lange. Sie wusste, dass irgendetwas überhaupt nicht stimmte. Sie spürte es. Es war nicht das erste Mal, dass ich auf diese Weise Trost bei ihr suchte. Immer wenn ich in Cazenovia Probleme beim Schreiben hatte oder wenn ich mir Sorgen über unsere Zukunft machte oder kleinere Probleme hatte, teilte ich ihr mit, was mich beschäftigte. Jemand, der noch nie eine solche Beziehung zu einem Hund hatte, denkt möglicherweise, dass so ein Verhalten sentimental und kindisch ist. Bevor ich Perth fand, habe ich wahrscheinlich selbst so gedacht, da ich als Kind alle Hunde in meiner Familie lediglich als Spielgefährten sah, die man knuddeln, füttern, am Nacken kraulen oder mit denen man spazieren gehen konnte. Perth dagegen war eine Retterin in der Not, eine Freundin und Trostspenderin – und nie hatte ich sie dringender gebraucht als in diesem Moment. Sie beruhigte mich ungemein und lenkte mich von mir selbst ab. Instinktiv wusste sie, was sie tat. Auf einer geheimnisvollen Kommunikationsebene verstand sie mich.

Nachdem ich nachmittags lange mit ihr an den Schweinefarmen vorbei und über die Maisfelder spazieren gegangen war und von besseren Tagen in Cazenovia geträumt hatte, nahm ich sie mit zu Franks Haus. Ich brachte es nicht übers Herz, sie zurückzulassen. Es war früh am Abend, und Frank war noch nicht zu Hause, also ließ ich sie kurzerhand allein in seinem Haus und ging von dort aus zum Krankenhaus. Ich fand Cindys Zimmer und schaute vorsichtig hinein. Ihr Bein war in einem komplizierten Apparat aufgehängt. Ich nahm mir vor, fröhlich zu sein, koste es, was es wolle.

Sie strahlte vor Freude, als sie mich sah. »Oh, komm herein. Ich habe mich so nach dir gesehnt. Wo warst du?«

»Ah, du bist noch ganz geblieben, wie ich sehe, auch wenn du etwas eigenartig aussiehst. Man hat mir gesagt, dass ich nicht vorher kommen soll. Hast du Schmerzen?«

»Nein, überhaupt keine. Ich muss allerdings drei Wochen im Streckverband bleiben, bevor mein Bein operiert werden kann. Ich weiß nicht, wie ich das aushalten soll. Ich werde wahnsinnig werden!«

Ich war entsetzt, aber ich setzte mich hin, nahm ihre Hand und sagte sanft: »Die haben bestimmte Methoden, um es dir angenehm zu machen, hab keine Angst. Und denk doch mal, wie viel du hier lesen kannst – die Zeit wird schnell vergehen, du wirst schon sehen.«

In ihren Augen standen Tränen. Wir unterhielten uns noch ein paar Minuten, dann fragte sie: »Wie geht es Perth?«

»Um ehrlich zu sein, sie ist nur ein paar Häuserblocks von hier entfernt. Frank hat mich zum Abendessen eingeladen, und da habe ich sie mitgenommen. Ich konnte sie nicht zurücklassen, nicht heute Abend. Sie vermisst dich. Wir haben heute Nachmittag einen langen Spaziergang zusammen gemacht.«

»Ich wünschte, ich könnte sie sehen.«

Mich überkam plötzlich ein unangenehmes Gefühl, als ich an Perth dachte, die allein in Franks Haus war. Vielleicht hätte ich sie lieber draußen lassen sollen. Aber sie würde doch sicherlich nichts in einem fremden Haus anstellen. Wenn sie irgendwie aus dem Haus herauskam, wohin würde sie dann gehen?

»Peter, was ist los?«

»Ich glaube, ich sollte mal eben nachsehen, was Perth macht. Ich höre im Geiste ständig das Geräusch von berstendem Holz und den gedämpften Ton des bauschigen Füllmaterials von Stuhlpolstern.« Ein weiterer schrecklicher Gedanke kam mir, als ich mich an Franks kostbare Perserteppiche erinnerte. »Ich bin gleich wieder da.«

»Aber ich hab dir so viel zu erzählen. Kann Perth nicht warten?«

»Ich glaube nicht. Ich bin wirklich sofort wieder zurück.«

Ich küsste sie und ging auf die Tür zu, aber bevor ich sie erreichte, kam Perth hereingetrottet. Ihre kleinen Krallen klapperten leise auf dem gefliesten Boden, sie wedelte wild mit dem Schwanz und hielt ihren Kopf keck in die Höhe, als ob sie sagen wollte: »Ich komme überall hinein, wenn ich will.« Wir sahen sie im selben Moment. Ich war sprachlos vor Staunen.

»Perth!«, rief Cindy. »Mein kleines Hundchen. Komm her, komm her zu mir, du lieber, frecher Hund.«

Perth stürmte auf ihr Bett zu. Sie war klug genug, nicht zu bellen oder zu heulen. Als sie auf dem Bett landete, war sie sich der besonderen Situation bewusst und leckte Cindy drei oder vier Mal.

Ich wusste nicht, ob ich mich freuen oder ein schlechtes Gewissen haben sollte. Dass Perth auf Cindys Bett saß, kam einer Therapie gleich, die ein Arzt ihr nie hätte verordnen können. Es war die wertvollste Medizin, die Cindy bekommen konnte. Aber Hunde durften nicht ins Krankenhaus. Die Krankenschwestern würden mich in die Mangel nehmen, wenn sie Perth hier fanden. Wo waren die Krankenschwestern eigentlich?

»Wie ist sie hier reingekommen? Wir sind im dritten Stock. Wie in aller Welt hat sie uns gefunden?«

Wie ich später herausfand, war sie durch ein geöffnetes Fenster in Franks Haus gesprungen und dann offenbar meiner Spur zum Krankenhaus gefolgt. Die Eingangstür war an schönen Tagen geöffnet, daher konnte sie unbemerkt hineinschlüpfen. Sie folgte meinem Duft vom Empfang aus die Treppen hinauf, am Tisch der Stationsschwester vorbei, den Korridor entlang bis ins Zimmer. Offensichtlich hatte niemand sie bemerkt.

Ich schloss die Tür und genoss die fröhliche Stimmung. Cindy bekam wieder Farbe im Gesicht, und ihre Laune verbesserte sich merklich. Dieser Moment hatte eine heilende Wirkung auf sie.

Fünfzehn ungestörte Minuten voller Freude vergingen, dann mussten wir Perths Flucht planen. Es gab kein Behältnis, in das wir sie tun konnten, daher wickelte ich sie, nachdem Cindy sie noch ein paar Mal umarmt und gedrückt hatte, in eine blaue Krankenhausdecke und ging so unauffällig wie möglich mit der Decke unter dem Arm auf den Korridor hinaus. Ich musste am Tisch der Stationsschwester vorbeigehen.

»Ich muss jetzt gehen«, sagte ich zur Krankenschwester am Tisch und lächelte. »Ich komme um acht Uhr wieder.«

»Nicht so schnell, Herr Dr. Martin, Sie müssen noch ein Formular unterschreiben.«

»Könnte ich das heute Abend machen? Ich habe es ziemlich eilig.«

»Es dauert nur eine Minute. Es muss erledigt sein, bevor mein Dienst zu Ende ist.«

Das Einzige, was mir einfiel, war die Toilette.

»Äh, darf ich vorher noch dort hinein?«, fragte ich und deutete auf die Tür der Herrentoilette.

Sie nickte. Ich nahm Perth mit in eine der abgetrennten Kabinen und wickelte sie aus der Decke.

»Du musst hier bleiben, Perth, nur zwei Minuten, ohne einen Pieps«, sagte ich mit Nachdruck. »Wenn du dich nicht daran hältst, können wir einpacken. Dann wirst du dein Frauchen hier nicht mehr besuchen können. Du bleibst hier, verstanden?«

Wissend sah sie mich an. Sie verhielt sich absolut ruhig. Ich ging hinaus und unterschrieb die Formulare.

»Vielen Dank«, sagte die Krankenschwester und sah mich prüfend an.

»Na sowas«, erwiderte ich und sah zur Tür der Herrentoilette, »ich hab doch tatsächlich meine Decke da drin vergessen.«

Ich ging wieder hinein. Perth wartete noch immer ruhig in der Kabine. Ich wickelte sie wieder ein und ging hinaus. Ich wagte es nicht, die Krankenschwester anzusehen. Ich befreite Perth erst aus der Decke, als wir um die Ecke gebogen und nicht mehr im Blickfeld des Krankenhauses waren. Sie rannte schnurstracks zu Franks Haus; ich ging langsam hinterher.

Als ich ein paar Stunden später zu Hause war, überfiel mich eine depressive Stimmung. Perth hatte uns in dieser Krise aufgebaut, wie nichts oder niemand es vermocht hätte, aber nun spürte ich den Schock und die Anspannung des Tages. Wir waren noch nicht einmal zwei Monate an unserem neuen Arbeitsplatz und in unserem neuen Leben, da musste ausgerechnet so etwas passieren. Cazenovia schien endlos weit entfernt zu sein, eine unwiederbringlich verlorene Idylle.

Freunde und Mitglieder unserer Familien versammelten sich in den nächsten Tagen und Wochen bei uns. Mein Bruder flog sogar eigens mit seinem Flugzeug von Chicago bis zu uns, um uns zu sehen. Ich gewöhnte mich an meinen neuen Tagesablauf, der aus Unterrichten, Kochen sowie nachmittäglichen und abendlichen Besuchen im Krankenhaus bestand. Zum ersten Mal, seit ich verheiratet war, verbrachte ich die Nächte ohne meine Frau, und es gefiel mir gar nicht.

Wie sich herausstellte, spielte Perth eine große Rolle bei meinen Krankenhausbesuchen. Ich dachte mir, wenn ich sie aus dem Krankenhaus herausschmuggeln konnte, dann musste es auch möglich sein, sie hineinzuschmuggeln. Sie musste nur kooperieren. Zunächst verwendete ich eine große Tasche mit Reißverschluss und großen Griffen, wie sie die Profitennisspieler benutzen. Sie passte gerade so hinein.

»Mein Hundchen«, rief Cindy, als ich Perth in ihrem Zimmer aus der Tasche heraushob, und schloss sie in ihre Arme.

»Ah, sie riecht toll, sie hat sogar den Groggy-Hunde-Duft an sich. Ich wünschte, ich könnte sie hier behalten, um all die anderen Krankenhausgerüche damit zu überdecken. Das mit der Tasche ist eine großartige Idee.«

»Es wird nicht noch einmal funktionieren. Die Tasche ist zu klein. Perth hat draußen beim Schwesterntisch angefangen zu winseln.«

Perth hatte sich auf dem Bett ausgestreckt, drückte sich gegen das gesunde Bein ihres Frauchens und betrachtete verwirrt den eigenartigen Apparat, in dem das gebrochene Bein hing.

»Funktioniert es mit der Decke denn nicht?«

»Ich kann schlecht ständig eine Decke unter dem Arm mitbringen. Außerdem befürchte ich, dass sie ihren Kopf bewegt.«

»Oder ihren Schwanz. Jedenfalls ist es schön, dass wir alle zusammen sind. Ich habe mich so darauf gefreut.« Wir konnten Rasenmäher hören und die Stimmen spielender Kinder in einem nahe gelegenen Garten. Alles dort draußen ging seinen gewohnten Gang.

»Wie kommst du zurecht?«, fragte ich. »Tut dir etwas weh?«

»Ich bin vor allem unruhig. Wenn ich nicht so viel lesen würde, würde ich wahnsinnig werden. Das Fernsehen kann man tagsüber vergessen und auch abends kommen häufig keine guten Sendungen. Die Krankenschwestern massieren mich und helfen mir in jeder Weise. Sie sind so nett – sie tun alles, um mir das Leben angenehmer zu machen.«

Ich probierte andere Techniken aus, um Perth hineinzuschmuggeln. Eine Methode, die nicht funktionierte, war, sie vor meinen Bauch zu binden und eine große Jacke darüber zu tragen. Das Problem bestand darin, dass ich nicht verhindern konnte, dass sie nach unten rutschte. Schließlich verwendete ich doch wieder die Decke. Niemand bemerkte etwas oder stellte Fragen, daher machte ich die letzten beiden Wochen so weiter.

Die Operation verlief erfolgreich, und ein paar Tage später wurde Cindy entlassen, vier Wochen, nachdem der Unfall sich ereignet hatte. Am letzten Morgen trafen wir uns mit Frank und ein paar anderen Freunden in Cindys Zimmer, um zu feiern und auf die Gesundheit und ein langes Leben anzustoßen – Frank schmuggelte die Getränke hinein, obwohl es gar nicht so verboten war.

Als wir am Schwesterntisch auf dem Gang vorbeikamen, Cindy auf Krücken und ich mit ihrem Koffer in der Hand, blieben wir stehen, um uns bei den vier Schwestern, die gerade Dienst hatten, zu bedanken und zu verabschieden. Dann kam die Überraschung. Als wir gerade gehen wollten, sagte eine der Schwestern verschmitzt lächelnd mit lauter Stimme: »Übrigens, Ihr Hund ist ja so brav. Ich liebe Beagles. Bringen Sie ihn doch noch einmal mit, damit wir ihn alle kennen lernen können.«

Ich sah sie überaus verlegen an. Cindy senkte ihren Blick. Alles, was wir herausbrachten, war ein leises »Okay, das werden wir, ja«. Perth war ein wohlgehütetes Geheimnis gewesen, aber wir waren nicht die Einzigen, die es bewahrt hatten. Wir hatten eine beispielhafte Heilung in diesem Krankenhaus erlebt, und Perth war ein wirksameres Heilmittel gewesen als all die kalten und teuren Instrumente und Apparate, die zur Verfügung standen. Ihre einfache ruhige Liebe hatte das bewirkt. Und die Krankenschwestern hatten das verstanden.

Kapitel 4

Im März des folgenden Jahres war Cindy bereits so gut zu Fuß, dass sie wieder unterrichten konnte. Sie hatte einen Job in der Stadt gefunden und musste nicht mehr eine weite Autostrecke zurücklegen, sondern konnte nun in zehn Minuten zur Arbeit fahren. Die Monate vergingen, und die Sommerferien standen vor der Tür. Wir beschlossen wegzufahren und durch das Land zu reisen. Wir wollten nach Südkalifornien, dann hinauf nach Britisch-Kolumbien und rechtzeitig zu Semesterbeginn im September wieder nach Ohio zurück. Unterwegs wollten wir die ganze Zeit campen.

Die Reise verlief nicht ohne Zwischenfälle, und Perth stand jedes Mal im Mittelpunkt. Sie ging in den zehn Wochen mehrfach »verloren«, zumindest dachten *wir* das. *Sie* sah das wahrscheinlich anders. Am ersten Tag waren wir ungefähr eine Stunde lang gefahren, nachdem wir an einer Tankstelle in Illinois gehalten hatten, als wir plötzlich entdeckten, dass Perth nicht auf dem Rücksitz war, wo wir sie vermutet hatten. Wir drehten um und fuhren besorgt zurück. Perth wartete geduldig an einer Tanksäule. Sie sprang unbekümmert ins Auto, ungerührt und ohne sichtbare Gefühlsausbrüche, so als wollte sie sagen: »Wo wart ihr so lange?«

Ein ähnliches Ereignis trug sich beim Harry S. Truman Museum in Missouri zu. Als wir nach dem Museumsbesuch zum Auto zurückkamen, war Perth verschwunden. So sehr wir sie auch suchten, sie tauchte nicht auf. Nach zwei Stunden ergebnisloser Suche bemerkte Cindy, dass sie auch ihre Uhr irgendwo verloren haben musste. Gereizt ging sie mit großen Schritten wieder ins Museum, um nach der Uhr zu suchen. Nachdem sie sich bereits in einigen Räumen umgesehen hatte, betrat sie einen kühlen, leeren Raum, in dem sich eine Ausstellung über den Koreakrieg befand. Das Erste, was sie hörte, als sie in den Raum kam, war das klappernde Geräusch von Hundepfoten auf dem gefliesten Boden. Es war Perth, die selbstzufrieden umherschnupperte und an der Ausstellung interessiert zu sein schien, die Bilder von Präsident Truman, General Douglas MacArthur und Kriegsszenen zeigte. Man konnte nicht sagen, wie lange sie schon dort gewesen war, aber Cindy war sehr verärgert.

»Was bist du für ein Tier?«, fuhr sie Perth an. »Normalerweise hätten wir jetzt schon den halben Bundesstaat durchquert, aber du hast ja nichts Besseres im Sinn, als hier im Museum herumzuschnuppern, während wir uns zwei Stunden lang abmühen und versuchen, dich zu finden, du erbärmlicher Hund, du.«

Perth sah sie mit einem schuldbewussten Blick an.

»Ich kann nicht glauben, dass dich hier drinnen niemand gesehen hat. Du bist ein böser Hund, und so langsam glaube ich, es wäre besser gewesen, wenn wir dich zu Hause in einer Hundepension gelassen hätten.«

Sie gingen zusammen aus dem Museum hinaus, an den Wärtern vorbei, die Cindy auf unmissverständliche Weise zu verstehen gaben, dass Hunde – wer hätte es auch anders erwartet – nicht im Museum erlaubt waren.

»Dies ist ein Ort für Menschen, meine Dame, nicht für Hunde«, sagte einer entrüstet.

Instinktiv verteidigte Cindy Perth. »Ich habe kein Hinweisschild gesehen, auf dem das steht«, erwiderte sie kämpferisch.

»Es gibt ein paar Dinge, für die man unserer Meinung nach keine Schilder braucht, meine Dame. Nehmen Sie Ihren Hund immer mit ins Museum?«

»Ja, immer.«

Damit schoss Cindy an ihm vorbei und ging hastig auf das

Auto zu, während Perth neben ihr herlief. Der Museumswärter blieb wutschnaubend zurück. Mittlerweile hatte ich die Uhr im Auto gefunden, und wir konnten schließlich und endlich losfahren.

In den nächsten Wochen fuhren wir durch die wogenden Weizenfelder von Kansas und über die majestätischen Rocky Mountains in Colorado mit ihren Wildblumen und den kristallklaren Flüssen und Wasserfällen. Wir sahen die orangefarbene Pracht des Grand Canyons, fuhren durch die spektakuläre Landschaft des Mesa Verde Nationalparks und erreichten schließlich den Joshua Tree Nationalpark in der Mojave Wüste in Südostkalifornien. Dort zelteten wir. Sorgfältig zogen wir den Reißverschluss des Zeltes zu, um Skorpione und giftige Schlangen von uns fern zu halten. Die Mojave Wüste ist relativ klein, aber nicht zu unterschätzen. Sie besteht aus einem steinigen, mit Strauchwerk bewachsenen Ödland mit niedrigen Bergen und lang gezogenen Tälern. Die Tagestemperaturen erreichen im Sommer in der Regel 55 Grad Celsius. Der berühmteste Abschnitt ist das Death Valley, das berüchtigte »Tal des Todes«, das wir uns sparten.

Wir fuhren westwärts weiter, hinunter nach Tijuana in Mexiko, dann an der Küste in Kalifornien, Oregon und Washington hinauf bis nach Britisch-Kolumbien und zurück nach Ohio über die Rocky Mountains und durch die nördlichen Plains. Perth verursachte keine größeren Katastrophen, wenngleich sie die Hauptfigur in einigen Furcht erregenden Momenten war. Sie trug einen Kampf mit einem mexikanischen Mischlingshund in Tijuana aus, der mich an eine Szene in einer Kurzgeschichte von Graham Greene erinnerte. Ungepflegte Männer, die sich die Zeit in den Cafés rund um den Platz vertrieben, sahen zu, wie Perth für Aufruhr sorgte, als sie den überheblichen mexikanischen Köter in die Flucht schlug. Ein oder zwei Tage später und in einer anderen Welt, in der Gegend von Los Angeles, wurden wir gebeten, den berühmten Englischen Garten bei der Huntington Bibliothek in San Marino zu verlassen, nachdem Perth preisgekrönte Erdbeeren aus dem dekorativen Küchengarten verschlungen hatte. In San Francisco an der berühmten Haight-Ashbury, dem Mekka der Hippies dieser Welt, saß Perth friedlich da und beobachtete etwas verblüfft die endlose Prozession von unglaublich seltsam aussehenden Menschen. Hippies jeder Gestalt gingen vorbei, mit Haaren in allen möglichen Farben und eigenartigen und wunderbaren Kleidern, angesichts derer heutige Stardesigner erblassen würden. Sie blieben stehen, um wer weiß was zu rauchen, und wir sahen, wie sich einige am helllichten Tage gegenseitig beängstigend schmutzige Spritzen verpassten. Perth konnte nicht widerstehen, ein paar von ihnen zu beschnüffeln, da sie auf den vielen Kilometern, die sie bisher in ihrem kurzen Leben zurückgelegt hatte, noch keinem vergleichbaren Duft begegnet war. Die Betroffenen reagierten überaus gereizt, und ich bekomme allein bei dem Gedanken, was passieren hätte können, wenn sie nach einem oder zwei von ihnen geschnappt hätte, eine Gänsehaut. Sie hätten ihr vielleicht eine Spritze verpasst und sie auf diese Weise auf eine ziemlich andere »Reise« geschickt.

Sorgen bereitete es uns auch, als wir in Vancouver, in Britisch-Kolumbien, entscheiden mussten, was wir mit Perth tun sollten, während wir mit der Fähre für ein paar Stunden zur Victoria Island fuhren. Auf der Fähre waren Hunde verboten, und es wäre zu schwierig gewesen, Perth an Bord zu schmuggeln. Es war grausam von uns, aber wir parkten das Auto im Schatten einer großen Eiche, öffneten das Fenster etwa 20 Zentimeter weit und ließen sie so zurück. Perth würde es hier schön kühl haben, versicherten wir uns gegenseitig. Ein Napf mit Wasser stand auf dem Boden.

Wir liefen eilig zur Fähre und warteten, als die Taue vom Pier losgemacht wurden.

»Ich fühle mich schuldig«, sagte ich und sah Cindy an. »Wir hätten sie mitnehmen sollen. Was haben wir uns nur dabei gedacht? Sie wird verdursten.« Ich stellte mir bereits das

Schlimmste vor. Sie würde einen solchen Radau veranstalten, dass man die Polizei rufen würde. Sie würden sie in ein Tierheim bringen, und da das Wochenende bevorstand, würde es Tage dauern, bis wir sie abholen könnten. Cindy antwortete nicht, aber ihr Gesichtsausdruck verriet, dass sie das Gleiche empfand. Die Berge ragten hoch über der Stadt empor, das Wasser war tiefblau, und die Insel am Horizont sah grün und einladend aus. Wir standen auf dem Deck bei der Laufplanke, während die Minuten vergingen, und blickten hypnotisch zum Pier. Als ein paar Hafenarbeiter begannen, die Taue auf die Fähre zu werfen, sah ich plötzlich Perth – oder war es ein Phantom, das dort auf das Ende des Piers zuschoss und wie wild auf uns zugerast kam? Das Schiff hatte gerade begonnen abzulegen, und sie rannte, so schnell sie konnte, ein verschwommener Fleck, der über die verwitterten Bohlen dahinflog.

»Gütiger Gott«, flüsterte ich Cindy zu, »es ist Perth.«

Es war offensichtlich, was sie vorhatte, aber es war unmöglich, dass sie es schaffte. Sie kam immer näher. Wir waren eineinhalb Meter vom Pier entfernt, als sie das Ende erreichte. Ohne zu zögern sprang sie ab, flog durch die Luft, über das Wasser und landete auf dem Schiff. Die Fahrgäste, die mitbekamen, wie sie durch die Luft sprang, als gäbe es kein Morgen, applaudierten begeistert, als sie wild mit dem Schwanz wedelnd zu uns herüberkam. Ihr kleines Herz raste. Ihre Augen leuchteten. Ich sah sie ungläubig und voller Bewunderung an. Wir hielten sie versteckt und wendeten auf dem Weg zur Insel und zurück unsere bewährte Schmuggeltechnik an. Es war ein wunderbarer Tag inmitten all der Blumen auf der freundlichen Insel, der Höhepunkt unserer Reise.

Cindy und ich hatten mittlerweile begonnen, diese Stunts von Perth als selbstverständlich zu erachten, fast so, als glaubten wir, sie habe irgendwelche übernatürlichen Fähigkeiten und einen außerordentlichen Mut. Sie würde nie verloren gehen und sie war nicht kleinzukriegen. Wir machten uns auf den Weg nach Hause, alle drei unversehrt.

Kapitel 5

Obwohl das Leben in Ohio uns weiterhin langweilte, genossen wir unser zweites Jahr dort mehr. Wir vertieften unsere Freundschaften mit Menschen wie Frank, die wir nie mehr vergessen würden. Trotzdem wussten wir, dass wir bald weiterziehen mussten. Wir konnten den Gedanken nicht ertragen, nach zwanzig Jahren eines Morgens dort aufzuwachen und davon auszugehen, dass auch die nächsten zwanzig Jahre auf die gleiche Weise dahingehen könnten, ein Universum von einem größeren Wasser entfernt und ohne Hügel und Berge. Als mir also nach Weihnachten ein großartiger Job an einer Universität an der Südostküste Floridas angeboten wurde, griff ich sofort zu. Wir trafen in der Mitte des Sommers dort ein. Nur ungern hatten wir unsere Freunde in Ohio verlassen, aber wir freuten uns auf das strahlendere subtropische Klima und die Erhabenheit des Ozeans, auch wenn Florida keine Hügel hatte.

Ich stand an unserem ersten Morgen in Florida alleine am Strand, als die Dämmerung sich am Himmel breit machte und den Ozean nacheinander mit einer Reihe von herrlichen Farbtönen erleuchtete, von einem kalten blassen Grau über ein orangefarbenes Blau bis zu einem triumphalen goldenen Glühen, das Himmel, Ozean und die palmenbedeckte Landschaft in eine ruhige Wärme und ein Gefühl der Hoffnung tauchte. Das Geräusch der Brandung ließ mich glauben, ich stünde am Rande der Welt. Nichts am Land hinter mir schien real zu sein. Als ich auf den Ozean hinausblickte, was ich immer geliebt habe, fühlte ich, dass ich irgendwie nach Hause gekommen war – »Wo der Ozean rollte, dort war sein Zuhause«, hat Byron einmal geschrieben. Ich hatte seit fünfzehn Jahren nicht mehr in der Nähe des Meeres gelebt, nicht mehr seit ich zehn Jahre alt gewesen war und an der sandigen, kiefernbewachsenen Küste Uruguays gewohnt hatte, vor einer ganzen Ewigkeit, bevor meine Familie mich aus der Landschaft meiner Jugend herausriss und wir in die USA übersiedelten.

Aber die Schönheit und Herrlichkeit dieser Morgendämmerung schienen sich über meine Gefühle lustig zu machen. Cindy und ich entdeckten bald, dass wir in Wirklichkeit nicht in einem Paradies voller Hoffnungen und Versprechen gelandet waren. Florida war sogar noch flacher als Ohio, und seine Kultur war seltsam. Es gehörte zwar zu Amerika, schien sich aber gänzlich vom Rest des Landes zu unterscheiden. Es war eine amerikanische Ruhestandssubkultur mit einer ihr eigenen Pensionistenlogik. Mittlerweile hat sich die Situation verändert, aber damals hatten viele junge Leute das Gefühl, Eindringlinge zu sein und nur als Gäste geduldet zu werden, die eigentlich nicht richtig dorthin gehörten und lediglich als nützliches Beiwerk angesehen wurden. Ihre Hauptaufgabe bestand darin, Arkaden für die Millionen von Menschen zu errichten, die dort ihren Lebensabend verbrachten. Sogar an der Universität fühlte ich mich wie ein Teil des Servicepersonals für die Millionen von Rentnern, die Florida jedes Jahr schubweise überschwemmten. Ein großer Teil des Lebensstils in Florida, von Bingospielen bis zu den sterilen, blitzblanken Apartmenthäusern, schien uns völlig sinnentleert zu sein.

Wir kamen mit einem großen Lieferwagen, der mit unseren Habseligkeiten vollgestopft war, in Florida an und kannten keine Menschenseele. Es war schrecklich heiß und, was noch schrecklicher war, sehr feucht. Perth, da war ich sicher, hatte keinen blassen Schimmer, was los war. Es schien eine leere Welt ohne jegliche Bedeutung für uns zu sein. Mit Schrecken erkannten wir, dass wir uns möglicherweise vom Leben selbst abgewendet hatten. Ich konnte mir nicht einmal vorstellen, dass es hier eine gute Bibliothek gab, mit Büchern, die von den Schätzen der Weltkultur, der Kunst und der Zivilisation erzählten. In dieser trägen und bedrückenden Atmosphäre war alles anders: Gerüche, Geräusche, Fliegen, Vögel, Fische, Vegetation und Architektur sowie das Tempo und Temperament des Lebens selbst. Wir hatten Glück und fanden eine erschwingliche Ferienwohnung, in der wir bleiben konnten, so lange wir wollten. Sie lag etwa zweihundert Meter vom Meer entfernt, in Hörweite der Brandung. Aber wenn wir gerade nicht an den Strand flüchteten, waren wir in unserer klimatisierten Wohnung eingesperrt, in die uns die enorme Hitze und Feuchtigkeit trieben.

Cindy und ich wären verzweifelt gewesen, wenn wir nicht uns, Perth und das Meer gehabt hätten. Dieser Teil der Küste, dreißig Kilometer südlich von Palm Beach, war extrem wohlhabend, und der kleine Ort, den wir uns ausgesucht hatten, war mit einem schmalen, sechs Kilometer langen wunderbaren Sandstrand gesegnet, an dem zahlreiche riesige Häuser mit herrlichen, üppigen Gärten standen. Wir befanden uns am bescheideneren Ende des Strandes. Die dichte Vegetation verbarg die Häuser völlig. Vom Strand aus sah man lediglich eine Wildnis aus Kohlpalmen, Königspalmen, Kiefern, Massen von Oleandern, Hibiskusbüschen und anderen Sträuchern, langen Gräsern und dem typischen Strauchbewuchs, der am Rand von Stränden zu finden ist.

Perth war die Erste, die sich mit dem neuen Zuhause in Delray Beach abfand. Während wir unsere Sachen auspackten, steuerte sie geradewegs aufs Meer zu und war innerhalb von Minuten im dichten labyrinthischen Unterholz entlang des Ocean Drives verschwunden. Von Zeit zu Zeit hörten wir sie bellen und heulen, wenn sie wer weiß welchem Getier hinterherjagte. Nach ein paar Stunden kam sie zurück, erschöpft und von scharfen, spitzen Kakteen zerkratzt, aber sie sah begeistert aus und ihre Augen strahlten nur so vor Entdeckungsfreude.

»Perth scheint es hier zu gefallen«, sagte ich.

»Ich wüsste nicht, was es hier, abgesehen vom Strand, für sie zu erkunden gibt«, sagte Cindy träge und legte eine Pause beim Bettenmachen ein. Sie stellte fest, dass Perth tatsächlich sehr glücklich war. »Lass uns morgen nach dem Frühstück mit ihr zum Schwimmen gehen. Sie kann in der Brandung bei den Wasserläufern herumtollen. Ich möchte nur noch ausspannen nach dieser schrecklichen Fahrt, die wir gerade hinter uns haben.«

Es war ein wunderschöner Morgen, kühl und friedlich. Es ging eine leichte Brise und die Morgenluft war absolut klar, ohne die für diese Jahreszeit typische mörderische Feuchtigkeit. Alles leuchtete in hellen Farben. Das Meer glänzte, die Sonne funkelte darauf in Millionen von kleinen edelsteinartigen Spiegelungen. Die Wellen liefen sanft über den Strand und zischten angenehm auf dem festen Sand. Unsere Stimmung verbesserte sich. Anstatt zu Hause zu frühstücken, beschlossen wir, uns ein Frühstück in einem kleinen Café zu gönnen, das ein gelbes Vordach hatte, unter dem man sitzen konnte. Es befand sich nördlich von uns, dort, wo der schmale Streifen aus Häusern und Grün begann. Vom Café aus konnten wir zwischen ein paar aufragenden Palmen auf das schimmernde Wasser blicken. Es waren nicht viele Leute zu sehen. Perth saß ruhig bei uns, während wir unsere Eier mit Speck genossen und den besten frisch gepressten Orangensaft unseres Lebens tranken.

Danach schlenderten wir drei zum Wasser und gingen am Strand entlang nach Süden, fort von den öffentlichen Strandbereichen auf den »Wildnisabschnitt« des Strandes zu. Wir liefen ungefähr einen Kilometer über den feinen weißen Sand zwischen der Brandung und dem grünen Dickicht. Wir hatten den Strand fast für uns alleine, da die meisten Menschen nicht so weit liefen, um schwimmen zu gehen und im Sand zu liegen. Sie bevorzugten es stattdessen, in der Nähe der anderen und der Geschäfte zu bleiben. Es ist ein merkwürdiger

Zug in der menschlichen Natur, dass Menschen sich lieber in großen Gruppen zusammenfinden, anstatt alleine loszuziehen.

Perth hatte kein Interesse daran, uns ins Wasser zu folgen, und rannte in die entgegengesetzte Richtung, in das dichte Unterholz, auf der Jagd nach Kaninchen, Gürteltieren, Waschbären und wer weiß was sonst noch allem. Wir schwammen, gingen am Strand entlang und sonnten uns. Hin und wieder hörten wir in der Entfernung ihr hohes Heulen trotz der Brandung. Als es nach vier Stunden an der Zeit war zu gehen, war sie nirgendwo in Sicht. Wir hörten sie auch nicht. Eine halbe Stunde lang lief ich am Strand entlang und rief ihren Namen in die grüne Vegetation hinein, aber ohne Erfolg. Ich bin sicher, dass die Crème de la Crème auf den opulenten Terrassen zwischen den Bougainvilleen mich hörte, während sie an exotischen Fruchtsäften nippte, und einige der intuitiv veranlagten Anwohner stellten vielleicht sogar eine Verbindung zwischen dem Radau, den Perth machte, und meinem Rufen her. Jedenfalls kam weder jemand, um mir zu helfen, noch um mich zum Schweigen zu bringen, also gab ich es auf. Ich ging durch den Sand zurück zu Cindy.

»Vielleicht sollten wir nach Hause gehen und später noch einmal wiederkommen, wenn sie müde ist und genug hat«, sagte ich heiser. Wir waren nicht beunruhigt. Ich war auch nicht verärgert. Ich freute mich vielmehr über Perths Glück, so frei herumlaufen und alles nach Lust und Laune auskundschaften zu können, und darüber, dass sie ihre Triebe ausleben konnte, besonders in dieser Umgebung, in der alles so ordentlich und kontrolliert war und wo es nur wenig Raum für Erkundungen gab. Ich hatte bereits genug von Florida gesehen, um zu spüren, dass Perth mein Alter Ego sein konnte, das Sprachrohr meines Protests, meine umtriebige Rebellin. Ich würde ihre Wildheit fördern. Wenn sie schon nicht länger im romantischen ländlichen Bundesstaat New York umherstreifen konnte, sollte sie wenigstens die Gelegenheit haben, etwas

Unordnung in die nervenaufreibende Gesetztheit zu bringen, die hier vorherrschte. Es wäre eine Untertreibung zu sagen, dass sie Welten von den allgegenwärtigen Pudeln entfernt war, die den dicht gesäten Hundesalons regelmäßige Besuche abstatteten.

Wir fuhren zur Wohnung zurück. Als wir nach dem Abendessen gerade weiter nach ihr suchen wollten, tauchte Perth auf. Müde und leicht hinkend, aber offensichtlich glücklich ließ sie sich auf die Terrasse sinken. Nachdem sie etwas gefressen und getrunken hatte, erholte sie sich schnell wieder.

Drei Monate blieben wir in der Wohnung. Dann kauften wir uns ein Haus westlich des so genannten Inland Waterways, eines kanalisierten Flusses nahe der Küste, der sich Hunderte von Kilometern nach Norden hinzieht. Wir konnten es uns nicht leisten, ein Haus auf der Ostseite dieser noblen Wasserstraße zu kaufen. Perth gefiel diese Veränderung nicht, da unser neues Zuhause in einer Wohngegend mit ordentlich angeordneten Häusern lag, in der alles bis aufs Letzte geregelt war. Wir waren etwa fünf Kilometer vom Meer entfernt, und auf dem Weg dorthin lagen viele verkehrsreiche Straßen und eine riesige Zugbrücke, die über die Wasserstraße führte. Unsere Adresse klang nicht gerade abenteuerlich. Sie lautete: Northwest 4th Avenue. Wir hatten keine große Wahl. In all den Wohngegenden war kein Hauch von Natur übrig geblieben. Wir waren gezwungen, ein Haus zu kaufen, da uns die Miete finanziell ruiniert hätte. Wir planten, mindestens drei Jahre in Florida zu bleiben.

Wir wohnten seit einer Woche in unserem neuen Haus, als ich auf dem Weg von der Universität nach Hause bei unserer vorigen Wohnung vorbeifuhr, um nachzusehen, ob Post für uns gekommen war. Keine Post, sondern Perth erwartete mich. Sie saß beim Swimmingpool, aber allem Anschein nach war sie wieder bei den großen Häusern in der Nähe des Strandes unterwegs gewesen. Aber quer durch die Stadt und über die Zugbrücke zu laufen, bei der sie bestimmt hatte warten müssen, und dann die Wohnung zu finden war keine Kleinigkeit. Es war eine komplizierte und gefährliche Strecke. Es gab eigentlich nichts, woran sie sich orientieren konnte. Ich weiß immer noch nicht, wie sie das gemacht hat. Aber hier war sie. Ich nahm sie mit zum Schwimmen an den Strand. Erschöpft saß sie einfach nur da und blickte auf das Meer hinaus oder begnügte sich damit, mit den Wasserläufern in der Brandung zu spielen, während ich im Wasser war.

Gelegentlich nahmen wir Perth mit ins Landesinnere, wo sie durch die Sümpfe stromerte, Fischreiher aufschreckte und sich sogar an Otter auf einer Rinderfarm heranschlich. Es gelang ihr, Giftschlangen, inklusive Klapperschlangen und Mokassinschlangen, zu meiden, ganz zu schweigen von Krokodilen, die sich an den Ufern sonnten. Davon abgesehen, ertrugen wir alle Florida, so gut wir konnten, und als die Wochen vergingen und die Sommerferien näher kamen, stellte sich heraus, dass wir für einige Monate nach England reisen mussten, wo ich über ein Thema der englischen Literatur forschen wollte.

Eine Forschungsreise nach England stellte uns allerdings vor ein offensichtliches Problem. In den ersten Jahren, in denen ich an der Universität gearbeitet hatte, ließ mir mein vollgepackter Stundenplan wenig Zeit zum Schreiben. Und wenn ich Zeit hatte, war ich oft zu ausgelaugt. Aber ich wollte nichts lieber als über ein Thema der englischen Literatur ein Buch schreiben. Nicht damit ich eine Dauerstellung an der Universität bekam, damit ich auf dem akademischen Markt nicht in Vergessenheit geriet oder etwa weil ich ein höheres Gehalt wollte, sondern einfach weil ich mich intensiv mit meinem Thema beschäftigen wollte. Wenn ich das nicht tun konnte, würde ich unglücklich werden, das wusste ich. So sehr ich es liebte, an der Universität zu lehren, es genügte mir nicht.

England war für mich der Ort, um zu forschen, das »El Dorado« der Literaturwissenschaft. Aber wie sollten wir dorthin fahren und unsere geliebte Perth drei Monate lang alleine lassen? Es wäre teuer und kompliziert gewesen, sie mitzunehmen, aber wenn wir sie zurückließen, würden wir ihr Vertrauen missbrauchen. Wir wären ihrer nicht länger würdig. Es konnte sogar sein, dass sie uns nie mehr vertrauen würde. Das Band zwischen uns wäre möglicherweise entzwei. Vielleicht sollte ich den Gedanken, wissenschaftlich zu arbeiten und zu schreiben, verwerfen. Es schien ein unlösbares Dilemma zu sein. Endlose Nächte konnten wir nicht mehr schlafen, weil wir uns deswegen den Kopf zerbrachen.

Wir fassten schließlich den schmerzlichen Entschluss, sie bei Freunden unterzubringen, die sie sehr gerne mochten. Wir wussten, dass sie hier zumindest sicher und gut versorgt sein würde, wenn sie vielleicht auch nicht glücklich war. Den ganzen Sommer über sollten wir bereuen, dass wir sie zurückgelassen hatten.

Kapitel 6

Das Semester war im Mai zu Ende, und obwohl wir uns nur schweren Herzens von Perth trennten, war es für uns, als ob wir in die reale Welt zurückkehrten, als wir Florida verließen. Florida war unser persönliches »Herz der Finsternis« geworden, ein Ort weit entfernt von der realen Welt, an dem wir uns von kulturellen und anderen Ereignissen abgeschnitten fühlten. An der Kent State University waren Studenten erschossen worden, als sie gegen den Vietnamkrieg demonstrierten, aber diese Nachricht vermochte in unseren Floridakokon kaum hineinzudringen und an der Universität etwas in Bewegung zu bringen. Die geheimnisvollen Trommeln einer kulturellen Revolution schienen im Norden des Landes in Gang gekommen zu sein; junge Leute hinterfragten Autoritäten auf jeder Ebene, doch in Florida schien das alles unbedeutend zu sein.

Der Sommer verging schnell, und ich konnte die Zeit in England voll ausschöpfen. Als wir Perth im September wiedersahen, erlebten wir einen dieser wertvollen Momente in unserem Dasein auf der Erde, in dem alles richtig und wieder gut zu sein scheint. Alle freuten sich riesig. Perth ging es gut, aber sie war träge geworden. Zu viel Futter und keine Bewegung hatten ihre Spuren hinterlassen. Ihre Augen waren trüb, da sie ständig im kühlen klimatisierten Haus gewesen war. Da sie befürchteten, es könnte ihr etwas passieren, hatten unsere Freunde getan, was sie für das Beste hielten, und sie ständig kontrolliert. Die aufregendste Beschäftigung hatte für Perth darin bestanden, Waschbären durch ein Fenster hindurch zu beobachten. Rückblickend empfand ich es als ein Wunder, dass sie die Wohnung nicht auseinander genommen hatte. Es muss die Liebe und Zuneigung unserer Freunde gewesen sein, die sie davon abgehalten hatte. Aber bald darauf waren wir wieder zu Hause, und Perth jagte am Strand entlang und stromerte bei den großen Häusern herum. Dann stand der nächste Sommer plötzlich vor der Tür, und wir mussten wieder nach England fahren, aus dem gleichen Grund wie im Vorjahr. Es war genauso schmerzlich, aber dieses Mal sollte unsere kreativere Suche nach einem Übergangszuhause für Perth das größte Abenteuer in unser aller Leben nach sich ziehen.

Wir waren entschlossen, sie nicht in der Hitze in Florida zu lassen. Wenn wir sie schon nicht mit nach England nehmen konnten, wollten wir unser Gewissen zumindest dadurch beruhigen, dass wir einen Platz im Norden des Landes für sie fanden, wo es kühler und nicht so stickig und feucht wie in Florida war. Es sollte eine schöne Landschaft sein, die ihrer Abenteuerlust entsprach. Anstatt also direkt von Miami nach London zu fliegen, fuhren wir nach Norden, in der Hoffnung, in Ohio wohlgesonnene alte Freunde mit einem schlechten Gedächtnis zu finden, die sich überreden lassen würden, sie einen Sommer lang zu nehmen. Falls das nicht klappte, konnten wir Richtung Osten nach Cazenovia fahren und dort weitersuchen. Wenn alles geregelt war, würden wir von Boston aus fliegen, wo Cindys Eltern wohnten. Die Reise würde für uns auch eine symbolische Migration rückwärts durch unsere Ehe sein, eine Reise zurück zu unserer ursprünglichen Landschaft in Cazenovia, unseren Garten Eden, wo die Welt einfacher und unschuldiger zu sein schien.

Ohio war sicherlich kein Eden für Perth, aber wir suchten dringend eine Bleibe für sie. Wir hatten überhaupt keinen Erfolg. Perths Ruf war den Leuten noch im Bewusstsein. Sie sah ungemein erleichtert aus. Auch in Cazenovia erreichten wir nichts, selbst bei alten Freunden vom College, die einen Beagle vom gleichen Züchter gekauft hatten wie wir, waren wir erfolglos. Perth hatte ein aufregendes Wiedersehen mit Frederick. Sie ließ sich wie eh und je von ihm abprallen und badete in seinem triefenden Speichel. Wir verbrachten einige Nächte in unserem alten Garagenapartment, das uns die Besitzer netterweise zur Verfügung stellten. Perth zog sofort los, um die altvertrauten Orte und die Gerüche und Geräusche am See neu zu erkunden, die seit vier Jahren nur in ihrer Erinnerung gelebt hatten. Aber wir machten uns große Sorgen. Wir hatten keine Ahnung, wo wir für die nächsten drei Monate ein schönes Zuhause für Perth finden sollten. Jemand schlug vor, sie in eine Hundepension zu geben, aber allein bei dem Gedanken lief es uns kalt den Rücken hinunter. Wir wussten uns keinen Rat mehr, und die Zeit wurde knapp. Unser Flugzeug von Boston nach England ging in einer Woche.

Eines Abends saßen wir in bittersüßer Stimmung auf dem kleinen Bootssteg am Rande des Sees. Genau von diesem Punkt aus war Perth als kleiner Welpe mutig hinter unserem Kanu hergeschwommen, und wir hatten erkannt, dass wir einen ganz besonderen Hund hatten. Die Sonne stand noch über dem Horizont und warf Streifen aus gelbsilbrigem Licht auf den See. Das Wasser platschte gegen unsere Füße, und Perth sah mit verträumtem Blick auf den See hinaus.

»Peter«, flüsterte Cindy mir zu, »können wir unsere Pläne diesen Sommer nicht fallen lassen und einfach hier bleiben? Wir würden so überaus glücklich sein. Perth, du und ich, an diesem wunderbaren Ort, an dem unser gemeinsames Leben begann. Wir könnten unser altes Apartment mieten. Perth wäre im siebten Himmel. Das Leben wäre so einfach. Könnten wir das machen?«

»Liebling, ich würde nichts lieber tun als hier zu bleiben. Ich spüre die Seele der Dinge hier, mit dir und Perth. Aber wenn ich die Arbeit diesen Sommer beenden könnte, müssten wir Perth nicht mehr alleine lassen. Wenn wir die Reise auf nächsten Sommer verschieben, hätten wir das gleiche Problem wieder, nicht wahr? Und ich möchte dieses Albatrosprojekt so gerne zu Ende bringen. Es sind nur drei Monate, dann werden wir alle wieder zusammen sein. Ich werde mein Buch abgeschlossen haben, und wer weiß, vielleicht können wir mit seiner Hilfe an eine bessere Universität in einem schöneren Teil des Landes übersiedeln. Vielleicht nach Neuengland. Stell dir vor, wie sehr Perth das Leben dort gefallen würde!«

Cindy sah enttäuscht aus, aber sie atmete tief durch und sagte: »Ich weiß, Schatz, es ist schwierig. Ich verstehe schon. Mach dir keine Gedanken. Es wird schon richtig sein.«

Wir gingen schweigend zum Apartment zurück.

Am nächsten Morgen gab es einen neuen Hoffnungsschimmer. Unsere Freunde, die Lammes, waren zufällig auf eine Anzeige für das Agnes Roy Camp, ein Mädchenferienlager in Vermont, gestoßen. Wir könnten die Leiterin, Agnes Roy, doch einfach mal anrufen und fragen, ob sie nicht an einem aufgeweckten Beagle als Maskottchen für die Mädchen interessiert wäre. Die Idee war großartig. Das Ferienlager schien wie für Perth geschaffen zu sein. Es befand sich in einem Kiefernwald bei einem See in den Green Mountains. Im Sommer ist es in Vermont tagsüber angenehm warm und nachts kühl. Es wäre wunderbar. Perth hätte viel Auslauf und die Mädchen würden sie lieben.

Ich rief sofort im Ferienlager an und fragte Mrs. Roy, ob sie sich vorstellen könnte, Perth den Sommer über zu nehmen. Man möge es mir nachsehen, dass ich Perth als überaus gutmütig und wohlerzogen beschrieb.

Ich hielt den Atem an. Gott sei Dank sagte Mrs. Roy nicht Nein, aber sie wollte uns erst treffen und Perth kennen lernen. Ich glaube, ihr gefiel die Idee, einen Hund im Ferienlager zu haben. Es war unsere letzte Chance. Wenn sich unsere Reise zu den Green Mountains als erfolglos herausstellte, hätten wir gerade noch Zeit, eine Hundepension in der Nähe von Boston zu finden. Oder wir würden Perth bei Cindys Eltern abgeben und es ihnen überlassen müssen, einen Platz für sie zu finden. Sie würden sicher nicht erfreut darüber sein, auch nicht, wenn

Perth nur kurze Zeit bei ihnen wäre, da Haustiere in dem Apartmenthaus, in dem sie wohnten, streng verboten waren.

Wir fuhren also zügig los, um die dreihundert Kilometer von Cazenovia nach Pittsfield, einem Ort am Fuße der Berge in Vermont, hinter uns zu bringen. Wir waren noch nie in Vermont gewesen, und seine Schönheit verschlug uns den Atem. Üppige grüne Wiesen erstreckten sich über das Land, dazwischen befanden sich immer wieder Wälder und kristallklare Seen. Weiche, samtartige Hügel und die hohen Green Mountains schmückten die Landschaft. Es gab Steinmauern wie im englischen Lake District, die ich sonst noch nirgendwo in Amerika gesehen hatte. Die Häuser waren hübsch weiß gestrichen, hatten gelbe Holzrahmen und häufig ein Giebeldach. Wir mussten an Hexenprozesse denken, an Nathaniel Hawthornes *Das Haus mit den sieben Giebeln* und an manche romantisch verklärte Beschäftigungen, mit denen man sich in Neuengland die Zeit vertrieb. Fast wünschte ich, wir hätten im Herbst dort sein können, wenn die Farben in den Bäumen tobten, Apfelcidre und Ahornsirup flossen und jeder Zweite in Waldarbeitermanier sein Holz für den Winter hackte. Aber jetzt war Mitte Juni, und wir fuhren durch sattes Sommergrün. Ab Pittsfield fragten wir nach dem Weg und fuhren etwa dreißig Kilometer in nördlicher Richtung in die Berge. Die Strecke bestand aus kurvigen, staubigen Kieswegen und führte über steile Hügel und durch Wiesen und Wälder. Wir steuerten ein Ferienlager in der Nähe des berühmten Long Trails an, eines Wanderweges, der sich vom so genannten Appalachian Trail in Massachusetts bis über die ganze Länge der Green Mountains erstreckt – teilweise in einer Höhe von über tausend Metern.

Es war spannend, aber wir waren auch nervös. Perth war ebenfalls aufgeregt, da wir auf der Suche nach einer Sommerunterkunft für sie waren. Sie akzeptierte es aber, da ihr Herrchen und Frauchen diesen Sommer nun mal etwas zu erledigen hatten. Und es sah weitaus viel versprechender aus, als den ganzen Sommer in einem klimatisierten Haus in Florida eingesperrt zu sein. Sie hatte die Pfoten auf das geöffnete Fenster gelegt und streckte ihren Kopf weit hinaus. Sie schnupperte wie verrückt und schnaufte heftig. Die unbekannten und köstlichen Düfte, die an ihrer Nase vorbeizogen, machten sie fast wahnsinnig. Die Straße wurde jetzt sehr holprig und schlammig, und sie war übersät mit großen Pfützen. Wir waren noch drei Kilometer vom Camp entfernt, als ich plötzlich anhielt. Mir war ein ernst zu nehmendes mögliches Problem eingefallen.

Ich sah Cindy an. »Wie könnten wir verhindern, dass Perth uns nachläuft, wenn wir aus dem Camp wegfahren? Ich glaube, wir sollten irgendwie verhindern, dass sie uns aufspüren kann, und wir sollten es jetzt tun. Ich traue ihr zu, dass sie sich an diese Strecke erinnert.« Im Geiste sah ich sie bereits ein paar Tage später plötzlich in Boston auftauchen. Ich dachte wirklich, dass sie dazu fähig war. Cindy stimmte mir zu, aber keiner von uns beiden wusste, was wir tun sollten. Dann hatte ich eine Idee. »Wir könnten ihr die Augen verbinden und die Fenster zumachen, damit sie nichts mehr von draußen riechen kann. Das könnte sie verwirren und davon abhalten, uns nachzukommen.«

»Manchmal denke ich, du bist genauso verrückt wie sie«, erwiderte Cindy. »Aber lass es uns probieren.«

Ich hatte noch nie versucht, einem Hund die Augen zu verbinden. Es war aufgrund von Perths Kopfform nicht einfach. Es störte sie nicht, dass ich es tat, aber das Taschentuch rutschte immer wieder herunter. Schließlich gelang es mir mit einem Tuch, das ich ein paar Mal wie einen großen Verband um ihren Kopf wickelte. Sie sah aus, als habe sie fürchterliche Zahnschmerzen.

»Mach dir nichts draus, Perth, es ist nur für ein paar Minuten.« Vielleicht hatte sie mich nicht gehört, da das Tuch nicht nur die Augen, sondern auch ihre Ohren komplett bedeckte.

Ich war zufrieden mit meinem genialen Einfall und fuhr

weiter. Perth sprang jetzt nicht mehr herum und schnaufte auch nicht mehr so heftig. Sie wartete und wir schwiegen. Man hörte nur die Autogeräusche und die Vögel. Hin und wieder erblickten wir einen Hirsch.

Als wir das entlegene Camp erreichten, sahen wir, dass es nett gestaltet war, mit mehreren kleinen, ordentlichen Hütten, die verstreut auf dem Gelände standen. Das Lager befand sich zwar in der Wildnis, aber es war nicht unkomfortabel. Wohlhabende Eltern aus New York und Boston schickten ihre Töchter gerne hierher. Sie waren froh, dass diese für ein paar Wochen aus den giftigen Abgasen in den Städten raus waren und in dieses Paradies in Vermont kamen. Alles sah sehr ordentlich und gut organisiert aus, bereit für die diesjährige Mädchengruppe, die in ein paar Tagen erwartet wurde. Ich nahm Perth die Augenbinde ab, und wir steuerten auf eine Hütte zu, in der sich das Büro befand. Wir gingen alle drei hinein. Mrs. Roy saß geschäftig am Schreibtisch. Sie hieß uns willkommen, aber der Empfang war nicht besonders herzlich. Sie hatte nicht viel Zeit für uns. Zu unserer großen Erleichterung schien Perth den Test bestanden zu haben, wenngleich Mrs. Roy sie kaum ansah. Sie machte eine winkende Handbewegung und schlug vor, dass wir die Nacht mit Perth in einem der Blockhäuser verbrachten und sie am nächsten Morgen an die Umgebung gewöhnten. Sie schrieb sich die Telefonnummer von Cindys Eltern auf, und das war's. Das Ganze dauerte zehn Minuten. Einer der Campbetreuer führte uns zu einem Blockhaus, und wir richteten uns für den Abend dort ein. Nach einem Spaziergang zum See ließen wir es für diesen Tag gut sein und gingen bald darauf schlafen. Perth sah zufrieden aus, als sie sich auf Cindys Bett ausstreckte.

Der nächste Morgen war sonnig und warm, ein perfekter Tag für Perth, ihr Sommerdomizil am großen See inmitten von Bäumen auszukundschaften. Wir fuhren zu dritt für eine Stunde mit einem Kanu auf den See hinaus und wanderten dann in ein baumloses Tal voller Wildblumen.

Cindy sprudelte über vor Freude. »Sie wird es hier lieben! Warum vergessen wir eigentlich nicht einfach unsere Reise nach England und bleiben selbst als Campbetreuer hier? Dieses Paradies ist wie für uns gemacht. Wir würden eine wunderbare Zeit hier verbringen.«

»Du willst England gegen Vermont tauschen? Das ist doch nicht dein Ernst!« Ich musste unbedingt meine Forschungsarbeit in England abschließen, aber vor allem war ich in England verliebt. Mein Vater war dort geboren, meine geliebte Tante wohnte noch dort, und ich war gierig nach allen englischen Dingen, von der Literatur über die entzückenden alten Holz- und Steincottages bis zu seinem ländlichen Charme. Bei unseren beiden bisherigen Besuchen hatte auch Cindy sich in dieses Land verliebt. Mich begeisterte sogar das englische Gras, es war so weich und duftete so süß. Es gibt nichts Vergleichbares in Amerika, nicht einmal in Vermont. Und außerdem gibt es keine lästigen Insekten in England, keinen giftigen Efeu oder hinterhältige, fiese Schlangen. Es ist ein wohlwollendes Land. Ich würde mich nicht in Vermont von meinem Ziel abbringen lassen, aber ich freute mich für Perth. Sie würde sich vor lauter Begeisterung gar nicht mehr einkriegen.

Dann überfiel uns trotzdem das übliche schlechte Gewissen, weil wir sie den Sommer über zurückließen, auch wenn es an diesem wunderschönen Ort war. Wir hatten wieder das Gefühl, sie zu hintergehen, sie wieder einen Sommer im Stich zu lassen. Es war ein Vertrauensbruch, eine Zerstörung des Bandes, das zwischen uns war. Ich glaubte, dass sie sich mittlerweile ungeliebt und nicht mehr angenommen fühlen musste. Vielleicht war sie völlig durcheinander und niedergeschlagen und fühlte sich verletzt. Ich sah, wie sie mich mit ihren großen runden Augen anblickte. Was mich fertig machte, war die Tatsache, dass sie so voller Liebe war. Sie würde kein großes Gezeter veranstalten, aber ich war sicher, dass sie am Boden zerstört war.

An diesem Punkt, ungefähr eine Stunde bevor wir abfuhren,

tat ich etwas Unverzeihliches. Aufgrund meines Verhaltens sollte ich noch wochenlang unter größten Schuldgefühlen leiden. Ich fühlte mich so elend, dass ich mir weismachte, es würde viel einfacher für Perth sein, wenn sie uns nicht allzu sehr vermisste oder uns nicht zu sehr liebte. Während der Stunde, die ich noch hatte, versuchte ich daher, sie dazu zu bringen, mich nicht mehr zu mögen. Gleichzeitig hätte ich sie am liebsten in meine Arme geschlossen. Ich sprach in einem schroffen Ton mit ihr und weigerte mich, sie zu streicheln. Ich wendete mich von ihr ab. Nicht einmal Cindy wusste, was ich tat. Aber was noch schlimmer war, ich stieß sie ein paar Mal heftig mit meinem Fuß von mir fort. Ich stöhnte innerlich, als ich es tat. Sie war völlig verwirrt, rannte um mich herum und versuchte immer wieder, in meine Nähe zu kommen. Aber ich stieß sie weg. Wir würden uns drei Monate lang nicht sehen, und trotzdem war ich so grausam zu ihr. Perth hatte in ihrem ganzen Leben noch nie gewinselt und sie tat es auch jetzt nicht. Aber es muss ihr danach zumute gewesen sein.

Ich bat einen Betreuer, sie mit einer Leine festzuhalten, als wir ins Auto stiegen. Als wir losfuhren, setzte sie sich hin und sah uns still hinterher. Ein leises Lüftchen bewegte sanft die Blätter in den Bäumen, die Vögel sangen, und das Leben ging weiter. Aber was hatte ich bloß getan? Würde mich Perth für immer hassen? Verdiente ich einen solchen Hund überhaupt noch?

Als wir den Berg hinunterfuhren, hatten wir die ganze Zeit über Bedenken, dass Perth uns bis nach Boston folgen würde. Wir fragten uns auch, wie sie wohl mit den Mädchen zurechtkommen würde. Sie hatte keine Erfahrung mit Kindern. Wir versuchten uns gegenseitig davon zu überzeugen, dass sie sich im Camp wohlfühlen würde und dass sie dort bis zu unserer Rückkehr gut aufgehoben war. Am nächsten Tag saßen wir im Flugzeug nach England.

Kapitel 7

Mitte Juni kamen wir in London an und Anfang September wollten wir wieder bei Perth sein. London war aufregend. Seine Theater, Konzerthallen, Museen und Geschäfte waren ungemein inspirierend. Ich begann sofort mit meiner Arbeit in der British Library und vergrub mich in Büchern und Manuskripten aus dem achtzehnten Jahrhundert. Ich war selten so glücklich gewesen wie bei dieser Arbeit. Der Geruch der alten bedruckten Seiten, die Beschaffenheit des Papiers, die Handschrift berühmter Autoren, all das inspirierte mich. Häufig hatte ich Papiere in der Hand, die von John Milton, Alexander Pope, Jonathan Swift, James Boswell, Dr. Samuel Johnson und anderen aus dem Gestirn der englischen Literatur berührt worden waren. Hin und wieder nahm ich einen Zug zur Oxford University und saß dort in der so genannten Duke Humfrey's Library, einem reich verzierten Saal, der über fünfhundert Jahre alt ist. Spätabends erleuchtete nur eine einzige Lampe an meinem Tisch meine Welt. Ich stellte mir vor, dass ich mich im Mittelalter befand. Ich war im siebten Himmel, und Florida schien sehr weit weg.

An den Wochenenden empfing uns meine Patentante und Schwester meines Vaters, Tante Kath, immer sehr herzlich in »Crossways«, ihrem wunderschönen großen Haus außerhalb von London, das im neunzehnten Jahrhundert erbaut worden war. Ihre magischen Gärten waren bereits in einigen Zeitschriften vorgestellt worden. Sie führte ihren Haushalt mit einer Eleganz und Liebe zum Detail, die spüren ließen, dass sie das Leben genoss. Jeden Sonntagmorgen fuhren wir mit dem Zug zum Mittagessen zu ihr. Wir bekamen das beste Roastbeef auf dem ganzen Planeten und trafen häufig einen meiner im Ausland lebenden Onkel aus Argentinien oder Uruguay, die den Sommer ebenfalls »zu Hause« in England verbrachten.

Tante Kath war die Einzige von den sechs Geschwistern meines Vaters, die nach dem Ersten Weltkrieg in England geblieben war. Sie waren in London aufgewachsen. Ihr Vater war wohlhabender Metzger und ein Alderman, ein Ratsherr. Die anderen Geschwister zog es fort, da sie dachten, das Gelobte Land liege irgendwo auf der anderen Seite des Meeres. Die älteste Schwester ging nach Italien und Frankreich, aber der Rest machte sich in den frühen zwanziger Jahren auf nach Buenos Aires. Im Handumdrehen verdienten meine Onkel in Argentinien ein Vermögen. Mein Onkel Harry, der Älteste, investierte sein Geld in 150 000 Morgen des besten Weidelandes in ganz Argentinien, züchtete Bullen, die regelmäßig Preise gewannen, und baute ein riesiges Herrenhaus außerhalb von Buenos Aires, das des Großen Gatsbys würdig gewesen wäre. Eine seiner klügsten Entscheidungen war, die Erfindung des Kugelschreibers von einem Ungarn namens Biro zu sponsern. Dadurch verdiente er erneut ein Vermögen. Mein Vater, der den anderen in den späten zwanziger Jahren nach Argentinien gefolgt war, hatte ebenfalls Erfolg, machte aber kein Vermögen. Ich wurde dort über zehn Jahre später geboren, ging zur besten britischen Schule und verbrachte meine Sommerferien in der Nähe eines Strandes in Uruguay. Ich lebte eigentlich nicht wirklich in Südamerika, sondern vielmehr in einer britischen Welt innerhalb Südamerikas. Meine Kindheit bestand aus Rugby, Cricket, Polo spielen, der englischen Teatime, englischen Rasen und Gärten, Flanellshorts und Schulkrawatten. Die schlechteste Entscheidung, die mein Vater jemals traf, nachdem er sich mit Onkel Harry gestritten hatte, war, in die Vereinigten Staaten zu übersiedeln und mich aus dieser goldenen Kindheit herauszureißen, als ich zehn Jahre alt war. Dort wurde ich von einer amerikanischen Welt eingefangen, die aus Baseball und hässlichen, schweren Fahrrädern bestand und die ich nie ganz verstanden habe. Ich wuchs in einer etwas rauen Umgebung auf und verlor allmählich mein früheres Benehmen, meinen englischen Akzent, die Verbindung zu meinen Onkeln und Tanten sowie die meisten meiner Erinnerungen. Nur ein Schwarzweiß-Fotoalbum in einem Queen-Anne-Tisch in unserem schönen, aber unauffälligen Haus außerhalb Chicagos erinnerte mich an mein ausgelöschtes Leben. Wie alle Immigranten wurde ich schnell von dem amerikanischen Leben und der Kultur vereinnahmt und absorbiert. Ich wurde neu erfunden, mit Jeans, Cowboypistolen, Basketball und Baseball und all den anderen kulturellen Gleichmachern, mit denen Amerika Amerikaner erzeugt.

Amerika ließ mir allerdings eine gute Ausbildung angedeihen, daher traute ich es mir zu, einen Doktortitel zu erwerben. Wichtiger als der Titel war für mich die englische Literatur, das Gebiet, dem ich mein Leben widmen wollte. Durch die Literatur wurde England für mich so greifbar, dass ich erneut in das britische Leben hineingeboren wurde. In meiner Vorstellung konnte ich dort leben. Als Cindy und ich zum ersten Mal nach England kamen, hatte ich daher das seltsame freudige Gefühl, schon einmal dort gewesen zu sein. Alles in diesem Land erschien mir natürlich und vertraut zu sein.

Unsere erste Zeit in London wurde abgesehen von meiner literarischen Welt in der British Library zu einem Alptraum. Eines Morgens brachte uns die Wirtin der schmuddeligen Frühstückspension nördlich von London – wir schliefen zum ersten Mal in unserem Leben auf Nylonlaken – einen Brief aus Vermont herauf, der gerade angekommen war. Der Brief verdarb uns den Sommer. Er war von Mrs. Roy. Sie schrieb:

Wir haben Perth ein paar Tage behalten, aber sie war offensichtlich unglücklich, da sie immer wieder nach den Mädchen schnappte. Niemand wurde wirklich gebissen, aber es war klar, dass wir sie nicht länger behalten konnten. Es war einfach zu

gefährlich. Ich habe sie zu einer fünfzehn Kilometer entfernten Farm gebracht. Der vierzehnjährige Sohn des Farmers erklärte sich bereit, sie zu betreuen, zu füttern und so weiter. Ich sagte ihm, dass Sie ihn bei Ihrer Rückkehr bezahlen würden. Ihr Hund war einige Tage bei ihm, aber vor zwei Tagen rief er mich an und erzählte mir, dass er weggelaufen sei. Sie haben mehrere Stunden nach ihm gesucht, aber es gibt keine Spur von ihm. Sie werden sicher verstehen, dass sie nicht weiter nach ihm suchen können. Sie sind auf der Farm sehr eingespannt und haben wichtigere Dinge zu tun. Der Junge, Jonas, sagte mir, dass der Hund von Anfang an versucht hatte, ihn zu beißen. Daher musste er ihn an eine Eisenkette in einer alten Scheune anhängen. Er hatte so viel Angst vor ihm, dass er immer Lederhandschuhe anzog, wenn er ihm einmal täglich sein Futter brachte. Von Tag zu Tag wurde der Hund böser. Ich verstehe nicht, dass ein so kleiner Hund einem so großen Jungen so viel Angst einjagen kann. Ich wollte Ihnen das so früh wie möglich mitteilen. Es tut mir Leid, dass ich so schlechte Nachrichten für Sie habe, aber ich war auch zu beschäftigt, um nach dem Hund zu suchen. Ich hoffe, Sie haben eine gute Zeit in England.
Mit freundlichen Grüßen

Agnes Roy

Es lief uns kalt den Rücken hinunter, als wir das lasen. Ein schreckliches Gefühl des Verlusts, der Hilflosigkeit und der Grausamkeit überkam uns. Cindy begann zu weinen.

Dann stieg eine große Wut in mir auf. Ich war auf irrationale Weise wütend auf Mrs. Roy, da sie Perth einfach in die Obhut eines vierzehnjährigen Jungen gegeben hatte, den wir überhaupt nicht kannten. Ich war auch unfairerweise bitterböse auf den Jungen, der, so schien es mir, wahrscheinlich keine Ahnung hatte, wie man sich um einen Hund kümmert, und Perth grausam behandelte. Aber vor allem war ich wütend auf mich selbst. Irgendwie musste ich Mrs. Roy das Gefühl gegeben haben, dass Perth uns nicht so wichtig war, dass es für uns ganz in Ordnung war, sie für ein paar Monate abzuschieben, damit wir unseren Urlaub in England genießen konnten. Vielleicht hatte sie deshalb das Gefühl, dass sie Perth ohne weiteres an irgendwelche Farmer abgeben konnte.

Das Unverzeihlichste, was ich uns selbst und Perth angetan hatte, war wahrscheinlich, dass ich Mrs. Roy nicht gesagt hatte, dass Perth schon einmal Leute gebissen hatte. Ich hatte große Schuldgefühle deswegen, wenn ich es mir in diesem Moment auch nicht eingestehen konnte. Als wir in dem Ferienlager waren, standen wir mit dem Rücken zur Wand. Wir hatten keine Zeit mehr und mussten etwas tun. Wenn ich Mrs. Roy gesagt hätte, dass Perth andere Menschen in die Nase gezwickt hatte, hätte sie sie nie genommen. Aber ich dachte, dass Perth damals nur deshalb geschnappt hatte, weil Ohio sie deprimierte. Ich war überzeugt davon, dass sie auf einem Berg in Vermont ausgeglichener sein und ihr wahrer Charakter wieder durchkommen würde. Ich hatte verdrängt, dass Perth Horden von kichernden und schreienden Mädchen ertragen musste. Das Camp war friedlich, als wir dort waren. Als die Mädchen kamen, war es mit der Ruhe sicherlich vorbei gewesen. Perth musste entsetzt gewesen sein und konnte sich wohl nicht mehr kontrollieren. An ihrer Stelle hätte ich wahrscheinlich auch nach den Mädchen geschnappt.

Meine Reue und meine Schuldgefühle wurden so stark, dass mir die Tränen kamen, als ich daran dachte, wie grausam ich selbst in den letzten Minuten gewesen war, die wir mit Perth verbracht hatten. Ich fühlte mich wie jemand, der es versäumt, einem geliebten Menschen zu sagen, wie sehr er ihn liebt, bis es zu spät ist. Kein Wunder, dass sie geflüchtet war. Im Geiste sah ich sie bereits schwer verletzt und blutend an einem Straßenrand liegen, während Autos nur wenige Zentimeter an ihrem Kopf vorbeirasten.

»Oje, sie muss sich vor Kummer nach uns verzehrt haben, das arme Hundchen, ganz alleine, Tag für Tag«, weinte Cindy.

»Wir werden sie nie wieder sehen! Wir hätten nie hierher kommen und sie die ganze Zeit alleine lassen sollen!«

Aber was sollten wir jetzt tun? Wir versuchten, Mrs. Roy anzurufen, um etwas Genaueres zu erfahren, aber es war unmöglich, sie zu erreichen. Dann fragten wir bei der Fluggesellschaft an, ob es möglich sei, unsere Tickets umzubuchen, damit wir sofort nach Vermont zurückkehren konnten, um Perth zu suchen. Aber die zusätzlichen Kosten für den Nachhauseflug überstiegen unser mageres Budget bei weitem. Es war noch Juni, und unser Rückflug ging erst Ende August. Wir konnten nichts tun, außer zu warten – und darauf zu vertrauen, dass Perth, wo immer sie auch hingelaufen war, genügend Intelligenz und Instinkt besaß, um zu überleben. Ihre genialen Fähigkeiten, ihren Weg zu finden und auf sich zu achten, die sie immer unter Beweis gestellt hatte, würde sie nun mehr als je zuvor einsetzen müssen. Wir waren fünftausend Kilometer weit entfernt. Sie befand sich in einer Gegend, die ihr gänzlich fremd war, und sie kannte niemanden, bei dem sie Nahrung bekommen oder Unterschlupf suchen konnte. Zumindest war Sommer, so dass sie nicht mit dem kalten Winter Neuenglands fertig werden musste. Wir beteten inbrünstig für sie.

Unser einziger Trost nach diesem Schock war Tante Kath. Am Sonntag fuhren wir mit dem Zug von der Waterloostation bis nach Woking, um in ihrem wundervollen Haus in Hook Heath, das direkt neben dem New Zealand Golf Club lag, Mittag zu essen. Das Roastbeef, das uns ihre geliebte Köchin Mrs. Bostock lächelnd servierte, und Tante Kath, die gebieterisch und warmherzig am Ende der Tafel vorsaß, waren Balsam für unsere Wunden. Beim Nachtisch erzählten wir ihr von Perth und dass wir daran dachten, nach Hause zu fahren.

»Das wäre albern«, sagte sie einfach. »Ich weiß, dass ihr euch elend fühlt, aber du musst deine Arbeit machen, Peter, und ihr beide habt euch sehr bemüht und eine Menge Geld dafür ausgegeben, hierher zu kommen. Der Schmerz wird mit der Zeit nachlassen, und ich hätte euch gerne den ganzen

Sommer hier bei mir. Tante Edna kommt nächste Woche aus Uruguay und sie wäre todunglücklich, wenn sie dich verpassen würde. Ihr solltet nichts überstürzen. Denkt eine Woche darüber nach.«

Wenn wir nicht in der liebenswürdigen Atmosphäre dieses Hauses mit seinen wunderschönen Gärten gewesen wären, hätten wir wahrscheinlich nicht auf Tante Kath gehört. Aber alles an diesem Ort hatte sich verschworen, uns davon zu überzeugen, dort zu bleiben – der Duft des Lavendels im Garten, die Sonne, die fröhlich auf den Büschen und Bäumen spielte, die exquisiten Mahlzeiten, das tröstliche Zusammensein mit der Lieblingsschwester meines Vaters und der gesunde Menschenverstand, mit dem sie uns überzeugte. Außerdem musste ich meine Arbeit zum Abschluss bringen. Wir beschlossen also zu bleiben, die Augen aber nach einem billigen Rückflug gegen Ende Juli offen zu halten.

So vergingen die Tage und Wochen. Wir zogen aus der schmuddeligen Pension in eine hellere und sauberere Unterkunft in Bedford Park, westlich von London. Unter der Woche arbeiteten wir in London, gingen abends ins Theater oder ins Konzert und die Wochenenden verbrachten wir bei meiner Tante. Dann kam auch meine Tante Edna, und zum ersten Mal in meinem Leben kam ich in den Genuss, meine beiden geliebten Tanten gleichzeitig zu sehen. Cindy mochte beide sehr gerne. Sie waren ein Lichtblick in einer sonst so trostlosen und von Niedergeschlagenheit geprägten Abfolge von Tagen.

Eines Sonntags unterbreitete Tante Kath uns ein Angebot. Sie hatte geplant, drei Wochen in Devon in einem kleinen Steincottage zu verbringen, das einer Freundin von ihr gehörte. Aber sie musste leider absagen und fragte nun uns, ob wir Lust hatten, dorthin zu fahren. Es sei traumhaft, betonte sie. Das Cottage lag neben der alten Gemeindekirche in Sidford, am Fluss Sid, acht Kilometer vom Meer entfernt, wo die rötlichen Klippen steil aus dem Meer aufsteigen. Es ist ein Paradies für Wanderer und Radfahrer. Ich hätte die Idee sofort verworfen, wenn ich nicht ein gutes Stück mit meiner Arbeit vorangekommen wäre und nur noch ein paar Tage benötigte, um sie abzuschließen. Also nahmen wir das Angebot meiner Tante an. Nach unserer wochenlangen Verzweiflung würde es uns vielleicht ganz gut tun, ein paar Tage in einem Cottage in Devon am Meer auszuspannen. Überdies freuten wir uns sehr darauf, die sanfte Landschaft in Englands Südwesten zu erleben, die wir noch nicht kannten. Alles, was ich dort zu tun hatte, war, den Rasen zu mähen.

Ich hatte meinen Plan, früher nach Vermont zurückzukehren, um nach Perth zu suchen, allerdings noch nicht aufgegeben, und wie es das Schicksal so wollte, sah ich am nächsten Tag in London zufällig einen extrem günstigen Flug nach Boston, der in der zweiten Woche unseres Devon-Aufenthalts ging. Auf der Stelle entschloss ich mich, ihn zu buchen. Tante Kath war enttäuscht und konnte es nicht glauben, aber sagte dann, was sie so oft zu mir sagte: »Man kann nicht das Leben anderer Leute leben.« Zumindest eine Woche konnte ich in Devon verbringen. Ich musste einfach nach Perth suchen. Cindy würde die ganzen drei Wochen bleiben und dann Ende August mit unserem regulären Flug zurückkommen.

Ein paar Tage später fuhren wir mit dem Zug Richtung Südwesten. Am Nachmittag hatten wir uns in dem Cottage gegenüber der grauen Steinkirche in Sidbury eingerichtet. Der Ort sah aus wie ein Postkartenmotiv: klein, reetgedeckte Häuschen, schmuck und ruhig, umgeben von sanften Hügeln. Wir mieteten uns Fahrräder und begannen am nächsten Tag die Gegend zu erkunden. Jeden Tag schien die Sonne, und die ganze erste Woche taten wir nichts anderes als Rad zu fahren, unsere Runde durch die Läden des Ortes zu machen, mit den Inhabern zu plaudern und die beharrlichen Kirchenglocken läuten zu hören. Wenn das Leben noch schöner sein konnte, dann nur mit Perth.

Kapitel 8

Die Sonne strahlte, als ich mich von dieser Sommeridylle losriss. Als ich Cindy einen Abschiedskuss gab, war ich versucht, meinen absurden Plan zu verwerfen. Wir hatten uns eine Telefonstrategie ausgedacht, die uns nichts kosten würde, uns aber erlaubte, täglich Kontakt zu haben. Jeden Abend würde ich ein R-Gespräch von einem öffentlichen Telefon in Vermont anmelden und nach Cindy fragen. Die Vermittlung würde antworten, dass Cindy nicht zu Hause sei. Wenn ich keine guten Nachrichten hatte, würde ich antworten: »Das macht nichts, es ist nicht so wichtig.« Cindy konnte das am anderen Ende der Leitung mithören. Sollte ich gute Neuigkeiten haben, würde ich stattdessen sagen: »Aber ich muss ihr eine gute Nachricht übermitteln. Könnten Sie bitte fragen, wann sie wieder zurück sein wird?« In diesem Fall sollte Cindy das Gespräch beim nächsten Mal annehmen. Ein transatlantisches Telefonat kostete damals ein Vermögen. Wenn wir miteinander sprachen, musste es daher um gute Neuigkeiten gehen.

Widerwillig stieg ich in den Zug, blieb die Nacht in unserer kleinen Wohnung in London und flog dann am Morgen nach Boston. Cindys Eltern holten mich am Flughafen ab und brachten mich zu unserem Auto. Sie glaubten, ich hätte den Verstand verloren. Ich nahm mir kaum Zeit für sie, stieg ins Auto und fuhr aus der Stadt heraus in Richtung Vermont. Allein die Tatsache, dass ich wieder zurück war, machte mir Hoffnung. Irgendwo innerhalb eines Gebiets von dreihundert bis fünfhundert Kilometern lebte Perth noch. Dessen war ich mir sicher. Ich hatte vor zu zelten, da sich die nötige Ausrüstung noch im Auto befand. Meine erste Anlaufstelle war die besagte Farm. Wenn ich mit dem Jungen sprach, würde ich vielleicht einen Hinweis erhalten, in welche Richtung Perth gelaufen war. Es war eine ärmliche, heruntergekommene Farm, die sich am Fuße der Green Mountains befand. Jonas, der Junge, sah so schuldbewusst und verlegen aus, dass ich es nicht übers Herz brachte, ihn auszuschimpfen.

»Ihr Hund iss irgendwie böse«, begann er. »Ich wollt ihn nich anbinden, aber verdammt, er hat mich in den Arm gebissen. Mein Vater hat gesagt, ich soll den verdammten Köter loswerden, aber ich wollt sehn, ob er sich nach 'n paar Tagen bessert. Er iss aber böse geblieben.«

»Wie ist er freigekommen?«, fragte ich kühl.

»Also, das war 'n bisschen unheimlich. Ich hab ihn richtig fest mit der Kette an 'nen Pfosten gehängt. Aber er hat doch tatsächlich den Pfosten durchgekaut. Muss die Kette mitgeschleppt haben. Sie werden ihn jetzt nich mehr finden. Es iss über 'n Monat her, dass es passiert iss. Er hat die längste Zeit gelebt. Tut mir Leid, aber es iss bestimmt so.«

Ich zahlte dem Jungen, was ich ihm schuldete, und ging, ohne ein Stück klüger zu sein, wo ich beginnen sollte, nach Perth zu suchen. Es sah gar nicht gut aus. Deprimiert und ohne große Hoffnung fand ich eine Weide, die zu einer Farm in der Nähe gehörte, und schlug dort mein Zelt auf. Ich teilte mir die Weide mit ein paar Kühen. Nach einem schlechten Essen in einem schmierigen Restaurant schlief ich erschöpft und einsam im Zelt ein. Cindy war weit weg, in dem Cottage im idyllischen Devon, und ich war hier auf einer kargen Weide in irgendeinem Kaff in Vermont, um die nächsten zwei Wochen nach Perth zu suchen, und wurde von großer Reue geplagt, wie ich sie im Ferienlager behandelt hatte. Ich kannte niemanden in dieser Gegend. In der Dunkelheit meines Zelts lauschte ich den vielen Nachtgeräuschen. Hunde bellten in der Entfernung und einige klangen ähnlich wie Perth. Benommen murmelte ich vor mich hin und versuchte mich aufzuraffen. »Ich muss ... ich muss unbedingt ... aufstehen und nachsehen, ob das Perth ist«, aber dann versank ich in einen sehr tiefen Schlaf.

Am Morgen weckte mich das Licht. Ich hatte ein fettiges Frühstück in dem gleichen schmierigen Restaurant und fuhr dann nach Rutland, wo ich den Tierschutzverein darüber informierte, dass Perth vermisst wurde. Ich kaufte eine genaue Landkarte, die einen Radius von zirka fünfzehn Kilometern um die Farm herum abdeckte. Ich nahm an, dass Perth nicht weit gelaufen war, dass sie von jemandem aufgenommen worden war, der wusste, wie man mit Hunden umgeht, und sich entschlossen hatte, dort zu bleiben. Aufgrund unserer Erfahrungen in der Vergangenheit, als wir sie manchmal zeitweilig verloren hatten, wusste ich, dass sie häufig klug genug war, an Ort und Stelle zu bleiben und auf uns zu warten, anstatt verzweifelt ziellos herumzulaufen. Ich zeichnete daher auf der Karte konzentrische, immer größer werdende Kreise ein, die die Farm als Mittelpunkt hatten. Ich wollte im ersten Kreis mit der Suche beginnen und mich Tag für Tag nach außen vorarbeiten. Auf diese Weise hoffte ich, einen großen Teil des Gebiets systematisch abzudecken. Das war der Plan für die erste Woche. Was ich danach tun würde, musste ich dann sehen. Das Problem war, dass das Gelände nicht nur aus offenem Farmland bestand. Eigentlich war nur der kleinste Teil landwirtschaftlich genutzt. Es gab überwiegend dichte steile Wälder und versteckte Täler. Es gab auch Seen und gewundene schlammige Straßen.

Ich begann also mit meiner Suche. Nur wenige Minuten nachdem ich in eine bewaldete Wohngegend gefahren war, klopfte mir das Herz bis zum Halse. Ich hörte einen Hund genauso bellen wie Perth, es hörte sich wirklich haargenauso an. Im Laufe der Jahre hatten sich meine Ohren an diesen Klang gewöhnt. Die Kombination aus Heulen und Bellen, die Tonhöhe und der Rhythmus waren Perths Erkennungsmerkmale. Das Bellen musste etwa einen Kilometer entfernt sein. Ich stellte den Motor ab und lauschte angestrengt. Das Bellen kam aus dem Wald auf dem Hügel, nicht von den Häusern unterhalb von mir. Ich war sicher, das es Perth sein musste. Ich sprang aus dem Auto und rannte in ihre Richtung. Ich kam dem Bellen schnell näher, konnte den Hund aber zunächst nicht sehen. Schließlich, nachdem ich einige Zeit im Kreis herumgelaufen war, sah ich ihn. Ich schaute genau hin und versuchte ihn klar zu erkennen. Es war ein Beagle, aber nicht Perth. Dieser Hund sah ihr erstaunlich ähnlich, und ich wollte mehr als alles andere in der Welt, dass es Perth war, aber sie war es nicht. Ich war schrecklich enttäuscht und niedergeschlagen. Ich beugte mich zu dem Hund hinab, der sich offensichtlich verirrt hatte. Er hatte sich am Bein verletzt. »Tja, mein kleiner Freund, ich hatte gehofft, dass du jemand anders bist. Was machst du denn hier für einen Krach? Du solltest zu Hause bei deinem Herrchen und deinem Frauchen sein. Wenn du schon lange fort bist, weiß ich, wie sie sich fühlen müssen.« Ich streichelte ihn. Er war überglücklich, mich zu sehen, und schleckte mich von oben bis unten ab. Auf seinem Halsband stand sein Name und seine Adresse. Ich hob ihn hoch und trug ihn zum Auto. Er wohnte acht Kilometer nördlich, also fuhr ich dorthin und wurde Zeuge des freudigen Wiedersehens mit seiner Familie. Sie luden mich zum Mittagessen ein, und danach suchte ich weiter. Ich freute mich für die Familie, aber bemitleidete mich selbst zutiefst.

An diesem ersten Tag rannte ich wie ein Verrückter durch die Gegend. Immer wenn ich nicht im Auto saß, joggte ich auf Straßen, über Wiesen, durch Wohngebiete und durch dichte Wälder. Ich ging nie. Immerhin konnte ich jetzt von dem intensiven Lauftraining, das ich in der Schule und auf der Universität regelmäßig absolviert hatte, profitieren. Überall rief ich ständig, so laut ich konnte, nach Perth. »Perth, hierher Perth, Hundchen, komm her, du ungezogener Hund« und alles, was mir sonst noch einfiel. Schwitzend, von Ästen und

Dornen zerkratzt und durchnässt, rannte und schrie ich Stunde um Stunde. Ich war überzeugt, dass sie mich hören, meine Stimme erkennen würde und aus dem Wald geradewegs auf mich zugeschossen kommen würde. Aber es gab keine Spur von ihr. Nichts. Dann ging ich zurück zum Auto und machte dasselbe in einem anderen Gebiet wieder. Als es dunkel wurde, war ich ein körperliches Wrack. Meine Stimme war weg, und ich war verdreckt und sehr deprimiert. Es gab wenig Grund zur Hoffnung. Nach dem Abendessen fand ich das Zelt in der Dunkelheit und ging zu Bett.

Jeder Tag der nächsten Woche lief gleich ab. In Vermont musste es viele vermisste Hunde geben, denn ich fand noch fünf weitere. Nur nicht Perth. Ich begann gereizt auf einige Leute zu reagieren, denen ich begegnete. Wenn ich an ihre Türen klopfte und fragte, ob sie einen Hund gesehen hatten, der aussah wie Perth, wünschten einige mir Glück, aber die meisten sagten etwa Folgendes: »Ach herrje, Ihr Hund ist schon seit zwei Monaten fort? Dann werden Sie ihn nie mehr finden, glauben Sie mir. Wenn er noch nicht von einem Auto überfahren worden ist, könnte er von einem Hundefänger aufgegabelt worden sein. Es gibt genügend von denen hier in der Gegend. Sie fangen Tiere für medizinische Experimente.« Es machte eigentlich nicht viel Sinn, mich oder Perth zu verteidigen, indem ich erklärte, dass mein Hund einen Hundefänger nicht einmal in seine Nähe kommen lassen würde beziehungsweise, dass derjenige zumindest mit seinem Blut für seine Dreistigkeit bezahlen würde. Es war leichter, einfach zu gehen und es beim nächsten Haus zu probieren. Aber ich gebe zu, dass ich gelegentlich ein paar unverblümte Bemerkungen machte, wenn ich dies zu oft von selbstgefälligen Leuten zu hören bekam, die argwöhnisch hinter der halb geöffneten Eingangstür hervorlugten. Wenn ich ehrlich war, hatte auch ich das Gefühl, dass es angesichts des Verschwindens von Perth, das bereits zwei Monate zurücklag, so schien, als wolle ich eine Geschichte neu schreiben und ihr ein Happy End verpassen.

Meinen Tiefpunkt erreichte ich am Ende der ersten Woche, während einer der langen Nächte im Zelt. Bei meiner Suche fühlte ich mich immer leerer und einsamer; und plötzlich wurde mir klar, dass ich in einer Welt der Illusionen und der Selbsttäuschung lebte. Mein Leben war wie ein stetig wiederkehrender schlechter Traum. Jeden Tag rannte ich auf der Suche nach Perth durch unbekannte Gebiete, fragte bei fremden Menschen nach ihr, meinte ihre Gestalt in Schatten zu erkennen, stellte mir vor, dass bestimmte Formen, Geräusche und Orte mich direkt zu ihr führen würden. Allmählich verlor ich den Bezug zur Wirklichkeit. Sogar Perth schien mir teilweise unwirklich zu sein. Ich sah sie immer wieder vor mir, obwohl sie nicht da war.

Da es um neun Uhr dunkel wurde und ich danach nichts mehr tun konnte, außer zu essen und erschöpft in mein Zelt zu krabbeln, entschloss ich mich, in eine andere Fantasiewelt zu flüchten, indem ich beim Schein der Taschenlampe auf meiner alten klammen Matratze einen Roman las. Ich kaufte *Der Monddiamant* von Wilkie Collins, eine gruselige Detektivgeschichte, die im viktorianischen England spielt. Sie handelt von einem gestohlenen Diamanten, einem Mord, Selbstmord, Schlafwandlern, Opium und Intrigen in frostigen, mondhellen Nächten, in denen Detektiv Cuff versucht, den Diamanten aufzuspüren. Es ist ein dickes Buch, und so lag ich dort, Nacht um Nacht in meinem kleinen Zelt, fühlte mich aufgrund der beängstigenden Stille der Landschaft verletzlich und bedrückt und hielt das Buch in der einen und die Taschenlampe, die ich auf die Seite richtete, in der anderen Hand. Abgesehen von dem Lichtkegel war es stockdunkel. Die einzigen Geräusche entstanden durch mein Atmen und das Umblättern der Seiten.

In dieser Nacht las ich gerade einen unheimlichen Abschnitt, in dem eine Gruppe von mysteriösen indischen Jongleuren vorkommt, die sich als Mörder entpuppen, als ich draußen vor meinem Zelt, nicht mehr als eineinhalb Meter von meinem Kopf entfernt, ein ekliges Schmatzen, vermischt mit kratzenden und stöhnenden Geräuschen, hörte. Mein Herz blieb fast stehen. Ich lauschte ängstlich und achtete darauf, keinen Mucks von mir zu geben und mich keinen Millimeter zu bewegen. Niemand berührte das Zelt, aber die Geräusche wurden lauter. Ich rechnete damit, jeden Moment eine Stimme zu hören oder einen Schlag zu verspüren. Es dauerte zehn Minuten, bis ich all meinen Mut zusammennahm und die Taschenlampe ausmachte. Langsam legte ich meinen Kopf auf das Kissen. Gelähmt vor Angst lauschte und wartete ich. Die Geräusche waren, mit einigen Unterbrechungen, weiterhin zu hören. Zwei Stunden vergingen. Ich hatte nicht genug Mut, leise aus dem Zelt zu schlüpfen und wegzurennen. Ich schwitzte vor Angst. Ich kämpfte heftig gegen den Schlaf an, aber schließlich befreite er mich aus diesem Alptraum.

Als mich die Morgendämmerung aufweckte, konnte ich kaum glauben, dass alles in Ordnung war. Das geöffnete Buch und die Taschenlampe lagen neben mir. Das gemütliche Zelt umgab mich noch immer, der Reißverschluss war zugezogen. Draußen war nichts mehr zu hören. Ich öffnete den Reißverschluss und streckte vorsichtig meinen Kopf aus dem Zelt hinaus. Ich sah nichts außer einigen entfernten Kühen. Es gab keine Anzeichen dafür, dass jemand in der Dunkelheit umhergeschlichen war. Ich ging um das Zelt herum. Dort, gut sichtbar, lag etwas auf dem Boden, was ich vorher völlig übersehen hatte: ein Salzleckstein. In meiner Eile hatte ich das Zelt in der Dunkelheit genau neben einem Salzleckstein aufgebaut! Was mich in der Nacht zu Tode erschreckt hatte, war weder eine Bande von blutrünstigen indischen Jongleuren noch ein gefährlicher Dieb oder Asozialer, der das Zelt mit einem Dolch aufschlitzen wollte, sondern es waren ein paar Kühe, die Salz leckten und mitten in der Nacht munter vor sich hinschmatzten.

Es war lustig, aber auch lächerlich. War ich lächerlich?

War dieses ganze teure Unterfangen, Perth zu finden, lächerlich? Vielleicht sollte ich aufgeben und in Boston bei Cindys

Eltern darauf warten, dass sie zurückkam. Selbst wenn Perth noch lebte, war es, als suche man eine Nadel in einem gigantischen Vermont'schen Heuhaufen. Und vielleicht lebte sie ja auch nicht mehr und war bereits vor langer Zeit an einer einsamen Straße umgekommen. Vielleicht suchte ich Gespenster und jagte einem Phantom hinterher.

Beim Frühstück sammelte ich mich wieder. Ich wusste, dass Perth lebte. Sie musste leben. Ich würde noch eine Woche weitermachen. Jetzt suchte ich ein Gebiet ab, das weiter von der Farm entfernt war. Ich arbeitete wieder mit einer Karte, um den Irrsinn wenigstens systematisch voranzutreiben. Ich fuhr sogar einige Male hoch in die Berge hinauf und rief Perths Namen endlos in die Wildnis hinaus. Doch nie bekam ich eine Antwort. Ich hatte keine Ahnung, weshalb sie dort oben sein sollte, aber das war mir egal. Einmal war ich auf der Spitze des Bloodroot Mountain auf einer Höhe von tausend Metern, ein anderes Mal an den Ufern des großartigen Chittenden Reservoirs, etwa fünfzehn Kilometer von der Farm entfernt, nur von Wind und Wildnis umgeben. Ich hoffte immer noch auf ein Wunder, dass sie schwanzwedelnd und bellend aus dem Nichts auftauchen und ungerührt ins Auto springen würde, als ob nichts geschehen wäre.

Eine weitere Woche verging, und immer noch gab es keine Spur von ihr. Ich deckte ein großes Gebiet ab. Sie konnte sich unmöglich in Luft aufgelöst haben. Ich war sicher, dass sie mich hätte finden müssen, da ich überall unterwegs war und meinen Geruch hinterließ. Es sah ihr unähnlich. Niemand rief beim Tierschutzverein an, obwohl ich Hunderten von Menschen die Telefonnummer und Informationen über Perth hinterlassen hatte.

Äußerst geknickt fuhr ich nach Boston, um Cindy abzuholen. Sie war ebenso niedergeschlagen wie ich. Aber wir entschlossen uns, noch eine Woche gemeinsam weiterzusuchen, und wurden dabei von unseren Freunden, den Lammes aus Cazenovia und ihrem Beagle, unterstützt. Sie opferten eine

Woche ihres Lebens, um uns zu helfen. Sie schlugen ihr Zelt neben unserem auf. Sie ermutigten uns und versuchten uns aufzuheitern, aber in ihren Augen konnte ich sehen, dass sie annahmen, dass Perth irgendwo umgekommen war. Nach einer weiteren Woche vergeblichen Suchens gestanden wir uns unsere Niederlage ein. Wir mussten zurück nach Florida fahren, um das neue Semester an der Universität zu beginnen. Ich hatte versagt. Perth gab es nicht mehr, zumindest nicht in unserem Leben. Vor drei Monaten hatten wir Florida verlassen. Wir waren glücklich gewesen, unterwegs zu sein, hoffnungsfroh und entschlossen, einen perfekten Platz für sie zu finden, an dem sie frei und sicher war. Nun kehrten wir mit dem niederschmetternden Gefühl zurück, dass wir nicht vollzählig waren, dass unsere Ehe und Familie nicht länger intakt waren. Abgesehen vom ersten Jahr nach unserer Heirat, waren wir nie ohne Perth gewesen.

Es war eine bedrückende Reise nach Hause. Sogar in Cazenovia, wo wir noch einige Tage bei den Lammes verbrachten, war es trostlos. Die Erinnerung an die alten, geliebten Szenen aus den frühen Tagen unserer Ehe, als wir mit Perth unschuldig und voller Hoffnungen als glückliche Familie herumtollten, quälte uns. Einen sonnigen Morgen empfanden wir als besonders schmerzvoll. Wir gingen ein paar Kilometer mit unseren Freunden und ihrem Beagle, Tarki, spazieren. Tarki rannte herum, bellte freudig und genoss den Ausflug, nicht auf Perths intensive wilde Art, aber es war trotzdem schön, sie so zu sehen. Cindy und ich empfanden allerdings ein starkes Gefühl des Verlusts. Diesen Hund vor Lebensfreude sprühend und bei bester Gesundheit zu erleben war mehr, als wir ertragen konnten. Wir verließen Cazenovia am gleichen Nachmittag und wollten eigentlich nie mehr dorthin zurückkehren.

Kapitel 9

Aber wir weigerten uns aufzugeben. Als wir nach Hause kamen, fertigte ich sofort ein Plakat mit einem Foto von Perth an. Darauf stand, wann und warum sie weggelaufen war und, was am wichtigsten war, dass in ihrem linken Ohr die Buchstaben PEM tätowiert waren. Außerdem bot ich auf dem Plakat hundert Dollar Finderlohn an, was zur damaligen Zeit kein kleiner Betrag war. Heute würde es einem Betrag von tausend Dollar entsprechen. Am Institut für Englisch kurbelte ich fünfhundert Exemplare aus einem alten Mimeographen heraus. Dann ging ich zur Bibliothek und lieh mir ein dickes Verzeichnis mit Radiosendern aus. Ich suchte nicht nur diejenigen heraus, die sich in Vermont befanden, sondern auch die in New Hampshire, Maine, Massachusetts und Connecticut – eigentlich in ganz Neuengland. Es zeigte, wie viel ich Perth hinsichtlich ihrer Fähigkeit, Entfernungen zurückzulegen, zutraute. Ich schrieb den Radiosendern einen Brief, in dem ich sie bat, einen Monat lang so oft wie möglich in ihren Sendungen zu melden, dass Perth vermisst wurde, sie zu beschreiben und die Hörer darüber zu informieren, dass ein Finderlohn von hundert Dollar ausgesetzt war.

Wenn ich jetzt daran zurückdenke, stelle ich fest, wie jung und naiv ich damals war. Zu denken, dass irgendein Radiosender, bei all den Meldungen, die er jede Woche bekam, ausgerechnet meinen Hilferuf einen Monat lang wiederholen würde. Aber Cindy und ich verschickten die fünfhundert Briefe zusammen mit dem Plakat, drückten die Daumen und warteten.

Der Oktober kam, und wir warteten immer noch. Unsere Hoffnung schwand mit den verstreichenden Wochen dahin. Häufig kam ich in dieser Zeit in die Küche und sah Cindy still mit Tränen in den Augen beim Abwaschen, während sie von Perth träumte. Wir hatten beide den Eindruck, dass unsere Ehe sich ohne Perth veränderte oder dass eine neue Phase begann, ohne das Gefühl der Unschuld und des Abenteuers, das wir drei geteilt hatten. Außerdem war es deprimierend, dass von den fünfhundert nur ein Radiosender zurückschrieb und uns mitteilte, dass er uns gerne helfen wollte. Und soweit wir es mitbekamen, hörte nie jemand im Radio irgendetwas über Perth. Es war sehr still im Norden.

Ein Lichtblick war die Leiterin des Tierschutzvereins in Rutland, eine große, gut gelaunte Frau Mitte dreißig, die Alice hieß. Sie konnte, so schien es, unseren Verlust sehr gut nachempfinden. Ich schickte ihr hundert Kopien des Plakats. Sie schrieb zurück, um uns mitzuteilen, dass sie zu vielen großen Supermärkten in ihrer Gegend gefahren war – einige davon waren viele Kilometer entfernt – und das Plakat an ihren Anzeigenwänden aufgehängt hatte. Sie hatte nicht den geringsten Zweifel, dass wir Perth wiederfinden würden. Zudem fuhr sie jedes Wochenende los, um nach ihr zu suchen.

Der Oktober und der November vergingen, und die Vorweihnachtszeit hatte schon fast begonnen. Es gab nichts, was wir noch tun konnten, und ohne es auszusprechen, ließen wir Perth innerlich mehr oder weniger los. Am Tag des Erntedankfestes gingen wir zu einem Gottesdienst und hörten einen Mann sprechen, den wir normalerweise schrecklich langweilig fanden. Als er seine Rede mit dem Wort »Hund« begann, spitzten wir die Ohren. Er sagte, dass der Hund der beste Freund des Menschen ist und daher immer von ihm versorgt und beschützt wird. Aus diesem Grund hat der Hund grenzenloses Vertrauen zum Menschen und liebt ihn bedingungslos. Genauso sollten wir Menschen für Gott empfinden. Das war sein Thema. Wir vergaßen alles andere in diesem Gottesdienst und merkten uns diese Aussage.

»Wir sollten uns keine Sorgen mehr machen«, sagte Cindy auf dem Nachhauseweg und legte ihre Hand auf meine. »Wir sollten Perth loslassen und darauf vertrauen, dass sie, wo immer sie auch sein mag, sicher und glücklich ist.« Wir fühlten uns plötzlich von unseren Sorgen, Ängsten und unserem Selbstmitleid befreit. Egal, was der langweilige Mann in seinen früheren Reden gesagt hatte, an diesem Tag war er auf unserer Wellenlänge.

Am nächsten Tag flogen wir für einen Kurzurlaub auf die Bahamas. Es war das erste Mal seit dem Sommer, dass wir wieder so richtig Spaß hatten, ohne den anhaltenden Schmerz über den Verlust von Perth. Wir schwammen, machten Bootsfahrten, fuhren mit dem Fahrrad, gingen essen und liebten uns einfach. Wir kehrten am Sonntagabend zurück, erschöpft und gereinigt.

Das Telefon klingelte, als wir zur Vordertür hereinkamen. Cindy ging hin. Es war mein Vater, der in der Nähe von Palm Beach, hundertfünfzig Kilometer entfernt wohnte. Er sagte, dass er einen Anruf von Cindys Eltern aus Boston bekommen hatte, während wir fort waren. Sie hatten ihm ausgerichtet, dass ein wertvolles Paket per Flugzeug zu uns unterwegs war, das am Montagmorgen ankam. Er gab uns die Flugnummer und die Ankunftszeit. Cindy fragte, was es war, und da sagte er es ihr: »Man hat Perth gefunden!«

Cindy musste am Montagmorgen unterrichten, daher fuhr ich zum Flughafen in West Palm Beach, um das Paket abzuholen. Ich musste zur Frachtabteilung. Ich unterschrieb einige Papiere, bezahlte eine geringe Gebühr und wurde durch eine Tür in einen kleinen Raum geführt, in dem mehrere Metalltische standen. Auf jedem Tisch befand sich ein Drahtkäfig, und in jedem Käfig war ein Hund oder eine Katze. Sie waren alle ruhig, wie betäubt durch ihre Reise von Boston. Aus irgendeinem Grund überließ der Mann es mir, meinen eigenen

Käfig zu finden. Ich warf einen Blick auf die Papiere, um zu sehen, welche Nummer ich hatte, als plötzlich ein großes Gelärme in einem der Käfige losging, ein verrücktes, wildes Gebell und Geheule. In dem Moment, in dem ich diese Stimme hörte, vergaß ich die Welt um mich herum und stand wieder sechs Jahre früher mit Cindy vor dem Zwinger in der Nähe von Cazenovia und hörte Perth als Welpen, der versuchte, aus seinem Käfig herauszukommen und in Cindys Arme zu schlüpfen. Ich schloss für ein paar Sekunden meine Augen, ließ den herrlichen Klang tief in mich eindringen und blickte dann schnell in die Richtung, aus der der Radau kam. Ich sah sie sofort in einem der Käfige. Sie hatte mich erblickt oder meinen Geruch aufgeschnappt. Ich rannte zu ihr hinüber und öffnete den Käfig. Nach sechs Monaten war sie wieder in meinen Armen.

Ich weiß nicht mehr, was ich in diesen ersten Momenten zu ihr sagte, aber ich erinnere mich genau daran, wie ihr weicher Kopf meinen berührte, und an ihren unverwechselbaren Groggy-Hunde-Duft, der ihr sogar nach dem stickigen, dreckigen Flug im Laderaum des Flugzeugs anhaftete. Sie sah wunderbar fit aus. Ich hielt sie ganz fest, verwundert, dass ich meine Perth nach all den Monaten tatsächlich wiederhatte. Sie war ungeheuer aufgeregt, als würde sie zu mir sagen: »Was war denn los? Warum hast du mich nicht eher gefunden? Ich habe dich gesucht und gesucht.« Sie hatte mir meine Grausamkeit im Agnes Roy Camp verziehen. Ich setzte sie auf den Boden, nahm den Käfig und ging triumphierend mit ihr aus dem Gebäude hinaus. Der große Parkplatz war voller Autos, aber ohne zu zögern, erschnupperte sie sich ihren Weg zu unserem Wagen. Sie wartete bereits dort, als ich zwei Minuten später ankam. Sie sprang hinein, nahm ihre übliche Position auf dem Beifahrersitz ein, und los ging's nach Hause. Unterwegs krabbelte sie zwischen meine Arme, setzte sich auf meinen Schoß und sah durch die Windschutzscheibe hinaus, während wir fuhren. Es war wie in alten Zeiten, als wäre nichts passiert. Ich sehe noch immer ihren runden braunen Hinterkopf auf dieser freudigen Fahrt. Ich legte meine Hand gegen ihre weiße Brust und rieb sanft meine Nase an ihr. Auf dem ganzen Weg plauderte ich mit ihr. Sie hat alles verstanden, da bin ich sicher.

Sie muss enttäuscht gewesen sein, Cindy nicht zu Hause vorzufinden, aber ich sagte ihr, dass sie ihr Frauchen nachmittags in der Schule treffen würde. In der Zwischenzeit rannte sie überallhin, durch das Haus, den Garten und die Nachbarschaft, sie saugte alles in sich auf. Ich hätte sie gerne ans Meer gebracht, wollte damit aber auf Cindy warten.

Um drei Uhr nachmittags fuhren wir zur Schule. Ich blieb im Auto und sah zu, wie Perth vor dem Vordereingang der Schule wartete und auf die Tür starrte, um irgendeine Spur von Cindy zu entdecken. Schüler strömten heraus, dann Lehrer, aber noch immer keine Spur von ihr. Endlich tauchte sie auf. Mit einem Satz war Perth bei ihr, mit ihren Pfoten auf Cindys Rock, ihre braunen Augen auf ihr Gesicht geheftet. Cindy ließ sich auf den Boden fallen und rief »Perth, Perth, Perth«. Sie nahm sie in ihre Arme und rollte auf den Rücken, während Perth über sie drüber kletterte. Da waren sie, alle beide, und gingen völlig in ihrer gegenseitigen Freude auf. Wir drängten uns ins Auto und fuhren beschwingt heimwärts, um Tee zu trinken. Nach ein paar Stunden waren wir beim Meer und gingen am Strand spazieren. Perth rannte wie in vergangenen Zeiten hin und her, und die untergehende goldene Sonne tauchte ihren Körper in ein wunderbares Licht, als sie geschmeidig dahinflog.

Kapitel 10

Nachdem ich die Topografie von Vermont studiert und mich mit verschiedenen Menschen dort unterhalten hatte, konnte ich mir zusammenreimen, was mit Perth geschehen war. Ab der ersten Minute, nachdem wir das Ferienlager verlassen hatten, lief es schlecht für sie.

»Perth hat es hier nicht gefallen«, erzählte mir Mrs. Roy kühl und mit tadelnd erhobenem Zeigefinger wie eine Schuldirektorin, als ich sie ein Jahr später in ihrem Camp besuchte. »Sie hätten sie nie hier lassen sollen, wo Sie doch genau wussten, dass sie unglaublich an Ihnen hängt. Ihr Auto war kaum außer Sichtweite, als sie nach einem Betreuer schnappte, der sich ihr näherte. Eigentlich überraschte es mich, dass sie nicht fortlief, und wir gaben ihr ein paar Tage lang die Gelegenheit, sich einzugewöhnen, aber die Mädchen bekamen Angst vor ihr. Ich hatte selbst zu viel mit der Organisation zu tun, um mich um sie zu kümmern.« Offensichtlich hatte sie vergessen, dass sie in ihrem Brief geschrieben hatte, keines der Mädchen sei von Perth gebissen worden, und fügte daher hinzu: »Als sie eine Teilnehmerin biss, musste sie das Camp verlassen. Es tut mir Leid, Dr. Martin, aber Ihr Hund ist nicht jedermanns Sache. Sie sollten ihn nie ohne Leine laufen lassen. Eines Tages wird man Sie sonst noch verklagen.«

Ich fühlte mich wie ein ungezogener Schuljunge, der beim Klauen von Keksen aus dem Refektorium erwischt worden ist. Aber wir wussten nun, dass meine schlechte Behandlung von Perth nicht funktioniert hatte. Sie liebte mich deshalb nicht weniger. Sie war nur noch unglücklicher darüber, dass sie zurückgelassen wurde, und entschlossener, den Sommer nicht dort zu verbringen. Rückblickend erkannte ich, dass sie auf ihre Weise gespürt haben musste, warum ich sie so behandelte. Sie empfand es als Liebe. Sie ließ sich nicht täuschen. Aber sie wusste nicht, wie sie uns folgen sollte. Schließlich hatten wir ihr die Augen verbunden. Also wartete sie darauf, dass wir sie wieder abholten.

Aber dann wurde sie auf die Farm verbannt, was noch schlimmer war. In einer düsteren Scheune angekettet zu sein und außer dem mürrischen Jungen niemanden zu sehen war die Hölle für sie. Sie wartete, aber als sie es nicht mehr aushielt, türmte sie. Sie schnellte los wie eine gespannte Feder, entschlossen, uns aufzuspüren und nicht darauf zu warten, dass sie abgeholt würde. Sie rannte den Weg von der Farm hinunter, der zum Wald und den Ausläufern der Green Mountains führte. Ganz Vermont lag vor ihr, aber sie hatte keine Ahnung, in welche Richtung sie laufen musste. Ein oder zwei Wochen rannte sie ziellos umher, weil es keinen Ort gab, den sie kannte, keinen Platz, an dem sie zu Hause war. Das Wichtigste war, in Bewegung zu bleiben, Tag und Nacht, und sich nicht fangen zu lassen.

Sie lief nach Norden. Es gab zwei Wege. Entweder sie blieb im flachen Land, an den lauten verkehrsreichen Straßen, oder sie stieß in den Wald hinein und erklomm die Berge, wo es weniger gefährlich für sie war. So wie ich Perth kenne, bin ich sicher, dass sie in die Berge lief. Vielleicht hatte sie Glück und fand den so genannten Long Trail, der sich bergauf bergab nach Norden schlängelt. Auf diesem Wanderweg kam sie womöglich am Brandon Gap vorbei, lief beim Gillespie Peak auf einer Höhe von dreitausend Metern entlang und suchte vielleicht für kurze Zeit Unterschlupf an Orten wie dem Middlebury College Snow Bowl Skizentrum. Dann rannte sie weiter in Richtung Norden, überquerte den Middlebury River, bahnte sich dann einen Weg hinunter in die steile, tiefe Lincolnschlucht und erklomm die Hänge von hohen Gipfeln wie dem

Mount Abraham. Nachts, wenn die herrlichen Berge im Dunkeln lagen, übermannte sie wahrscheinlich der Schlaf, wenn sie nicht zu hungrig war.

Der Long Trail windet sich bis zur kanadischen Grenze hinauf, aber aus irgendeinem Grund stoppte Perth im Mount Mansfield State Forest an einem heruntergekommenen Campingplatz namens Campersville, der wunderschön zwischen Tausenden von weißen Birken am Lake Mansfield liegt. Sie hatte hundertzwanzig Kilometer Luftlinie zurückgelegt, aber bei diesem Gelände und mit all den Umwegen, um Nahrung zu finden, waren es wahrscheinlich eher an die dreihundert. Sie machte nur sechzig Kilometer vor der kanadischen Grenze Halt. Irgendein inneres Radarsystem hielt sie davon ab, weiter zu laufen. Vielleicht wurden die Nächte zu kalt, oder sie war einfach zu hungrig und zu müde. Vielleicht lag es auch an einem instinktiven, unerklärlichen Drang, eine Pause zu machen, abzuwarten.

Campersville ist ein Kaff, in dem man sein Zelt für wenig Geld übers Wochenende aufschlagen oder schnell mal seinen Wohnwagen hinstellen kann. Der nächste Ort, in dem der Besitzer des Campingplatzes wohnt, ist zehn Kilometer entfernt. Es gibt ein einfaches Haus am Campingplatz, das von dem Campingwart Emile Desmond, einem Frankokanadier, bewohnt wird, der kaum lesen und schreiben kann. Er sammelte den Müll auf, nahm das Geld entgegen, mähte den Rasen und räumte im Winter mit dem Schneepflug die Straße. Er wohnte dort mit seiner Frau und seinem zehnjährigen Sohn, Robert. Sie waren sehr arm. Perth entschloss sich, hier bei diesen Menschen am See ihr Glück zu versuchen.

Und sie hatte tatsächlich Glück. Emile Desmond war ein einfacher, unkomplizierter Mann. Er hatte abgesehen von seinem Job nicht viel zu tun und mochte Perth von Anfang an. Ihr stand alles zur Verfügung, das Haus, der Campingplatz, der See, der riesige Wald sowie endlos viel zu fressen, vor allem bei den Grillplätzen nichts ahnender Camper. Emile hatte einen guten Draht zu Hunden und wusste, dass er sie nicht zu etwas zwingen durfte, was sie nicht wollte. Er überschüttete sie nicht mit Zuneigung, ignorierte sie aber auch nicht. Er machte kein großes Aufhebens um sie, was Perth wunderbar passte. Er war überrascht, wie viele Tricks sie konnte, und schloss daraus, dass sie ein überaus intelligenter Hund war. Wenn er mit seinem Pick-up losfuhr, um seine täglichen Aufgaben auf dem Campingplatz zu erledigen, sprang sie auf die Ladefläche und fuhr mit. Als der Herbst mit seiner wunderbaren Farbenpracht kam und verging und der Winter vor der Tür stand, waren sie dicke Freunde. Man sah sie überall zusammen.

Mr. Desmonds Sohn Robert verliebte sich ebenfalls in Perth. Der Junge war zu Hause oft einsam, da es niemanden in seinem Alter gab, mit dem er spielen konnte. Perth war wie ein vorzeitiges Weihnachtsgeschenk für ihn. Nachts schliefen sie zusammen, tagsüber erkundeten sie den See und wanderten meilenweit durch Hügel. Als es Anfang November schneite, spannte Robert einen zotteligen Esel vor einen alten Schlitten und ließ sich mit Perth auf den Waldpfaden ziehen. Sie saß auf dem hölzernen Sitz neben ihm und blickte gespannt in alle Richtungen.

Die Familie entdeckte schnell Perths Eigenheiten – ihr heftiges Zucken, wenn sie im Schlaf träumte, ihre nächtliche Vorliebe für Roberts Bett, ihr Repertoire von Kunststücken, ihr Talent, an den Grillplätzen Steaks zu ergattern, ihr Interesse an Müll und ihr anhaltendes alarmierendes Heulen und Bellen, wenn sie aufgeregt war. Dabei stellte sich das Fell an ihrer Wirbelsäule auf, und ihre Muskeln spannten sich wie eine Bogensehne. Eine Sache gab ihnen Rätsel auf. Es war das seltsame Abzeichen in ihrem Ohr. Zunächst dachte Mr. Desmond, dass es eine Narbe von einer Wunde war, die sie sich bei einem Kampf zugezogen hatte; dann erkannte er die Buchstaben. Aber er deutete sie falsch und las »PEG«, daher rief er sie immer so.

Das Bemerkenswerteste war, dass Perth nie nach einem Mitglied dieser Familie schnappte. Sie schien zu begreifen, dass dies nun ihr Zuhause war, ihr sicherer Hafen. Robert hatte keine Angst vor ihr. Trotzdem hielt sie das nicht davon ab, hin und wieder nach Campern zu schnappen. Sie biss nie jemanden, aber nach etwa einem Monat beschwerten sich einige Camper, dass sie, wie es ihr beliebte, über den Campingplatz ging, ihre Zähne zeigte und schnappte, wenn ihr jemand zu nahe kam, und dadurch signalisierte »bleib mir fern«. Solange sich die Camper nur bei Mr. Desmond beschwerten, war es kein Problem. Er warnte Neuankömmlinge einfach, dass sie Perth nicht anfassen sollten, und ignorierte die Beschwerden. Aber eines Tages erzählte einer der Camper dem Besitzer des Campingplatzes von dem schwierigen Hund. Dieser konnte Hunde nicht leiden und ermahnte Desmond, Perth unter Kontrolle zu halten. Sollte es weitere Beschwerden geben, so drohte er erbost, würde er dafür sorgen, dass die Polizei sie mitnahm und tötete. Er war sehr nahe dran, das zu tun. Emile Desmond hatte keine andere Wahl und musste Perth daran hindern, frei herumzulaufen, außer auf der anderen Seite des Sees und in den Hügeln. Häufig ließ er sie einfach im Auto, womit sie zufrieden war. Der Besitzer murrte zwar, ließ die Sache aber auf sich beruhen.

So vergingen die Wochen, und das Erntedankfest kam näher. Wir wissen nicht, ob Perth jemals an Cindy und mich gedacht hat oder ob sie jede Hoffnung aufgegeben hatte, uns jemals wiederzusehen. Träumte sie von uns? Waren Nordvermont, die sie umgebende Wildnis, ihr neues warmes Zuhause und die Liebe, die ihr entgegengebracht wurde, genug, um die Erinnerung an ihre ersten sechs Jahre bei uns auszulöschen? Oder wartete und hoffte sie immer noch darauf, den Klang unserer Stimmen zu hören, unseren lauten Ruf in der Luft »Hier, Perth«, mit der Betonung auf »Hier«? Wie oft dachte sie, sie habe es gehört? Wenn sie mit Mr. Desmond in die Stadt fuhr, blickten ihre Augen dann sehnsüchtig und erwartungsvoll umher, um uns zu entdecken? Hob eine weibliche Stimme, die Cindys ähnelte, plötzlich ihre Stimmung? Sah sie beim Anblick einer großen Gestalt wie meiner hoffnungsvoll in das Gesicht des Fremden, um herauszufinden, ob ich es sein könnte?

Eines Tages Mitte November, als Mr. Desmond gerade in der Stadt war, kam ein alter Freund schlurfend mit einer Pfeife im Mund auf ihn zu.

»Hallo, alter Freund, es iss wegen deinem Hund«, sagte er und sah sich suchend nach ihr um, aber sie war zu Hause geblieben. »Haste schon das Plakat im Supermarkt gesehn? Es geht um einen vermissten Hund. Es hängt schon 'ne ganze Weile dort. Das Bild von dem Hund sieht haargenauso aus wie dein Beagle, der Streuner, der dir zugelaufen ist. Haste mal in sein linkes Ohr gesehn? Da steht, dass der Hund 'ne Tätowierung hat, die Buchstaben PEM. Iss doch komisch, oder? Jedenfalls ham die Besitzer 'ne Belohnung von hundert Dollar für ihn ausgesetzt. Glaubst du, dass du ihren Hund hast? Du solltest mal in sein Ohr schaun. Es iss bald Weihnachten. Einhundert Dollar, das iss 'ne Stange Geld.«

»Ach was, das kann nicht sein. Wir haben den Hund schon so lang. Aber wo war das Plakat noch mal?« Sie gingen in den Supermarkt, um es sich anzusehen.

»Sieh mal einer an«, flüsterte Mr. Desmond, als er Perths Foto auf dem Plakat sah. »Der iss ihr wirklich wie aus dem Gesicht geschnitten. Aber alle Beagles sehn doch so aus, oder?«

»Du wärst reich.«

»Mein Hund hat 'ne Tätowierung, aber da steht PEG, nicht PEM. Ich möchte den Hund sowieso nicht hergeben. Mein Junge wär traurig.«

»Schau auf alle Fälle nochmal in sein Ohr. Hundert Mäuse sind hundert Mäuse. Da kann man nicht meckern. Und bald iss Weihnachten.«

Als er nach Hause kam, ging Mr. Desmond sofort zu Perth und sah in ihr Ohr. Die Tätowierung war ausgebleicht, aber es war eindeutig: Dort stand PEM. Er war niedergeschlagen. Es gab keinen Zweifel. Peg hieß in Wahrheit Pem und sie gehörte jemand anderem, jemandem, der sie schmerzlich vermisste und bereit war, hundert Dollar für ihre Rückgabe zu bezahlen. Aber er würde sich nicht von ihr trennen. Er liebte sie und das tat auch sein Sohn. Der Hund gehörte jetzt ihm. Wenn er ihn nicht gerettet hätte, wäre er jetzt tot. Und außerdem war er glücklich bei ihnen. Er würde niemandem etwas davon erzählen, außer seiner Frau.

Aber während der nächsten Tage dachte er über das bevorstehende Weihnachtsfest nach und dass sie die hundert Dollar sehr gut für Geschenke brauchen konnten. Der Junge wünschte sich so viele Dinge. Auch seine Frau bedrängte ihn, dass er den Hund loswerden und das Geld nehmen solle. Dann setzte sein schlechtes Gewissen ihm zu. Peg war nicht sein rechtmäßiger Hund. Seine Besitzer mussten sie schrecklich vermissen. Wenn er selbst einen Hund vermissen würde, an dem sein Herz hing, wäre er wütend, wenn die Leute, die ihn gefunden hatten, sich weigern würden, ihn zurückzugeben. Er war hin und her gerissen und wusste nicht, was er tun sollte. Wenn Peg ihm doch nur sagen konnte, was sie wollte.

Er sah sie auf einem sonnenbeschienenen Fleck auf der Veranda liegen. Es war einer der strahlenden Herbsttage in Vermont. Ihr war warm, und sie war glücklich. Ihre Augen hatte sie genießerisch halb geschlossen. Er setzte sich zu ihr auf den Boden der Veranda und streichelte ihr sonnengewärmtes Fell. Sie öffnete die Augen, hob ihren Kopf etwas und sah ihn an.

»Peg, alter Hund, ich wünschte, du könntest mich verstehn und mir sagen, was du denkst. Ich weiß, wer deine Besitzer sind. Sie wolln dich gern wiederhaben, aber sie wissen nich, dass du hier bist. Willste hier bleiben, alter Freund, oder willste zurück? Was meinste, hm?« Er sprach leise. Es war, als spreche er mit sich selbst. Perth legte ihren Kopf wieder auf den Boden. Aber sie schloss ihre Augen nicht. Irgendetwas an dem Ton in seiner Stimme wühlte sie möglicherweise auf.

Mr. Desmond zermarterte sich den Kopf darüber, was er tun sollte, und entschloss sich schließlich, nachdem er mit seinem Sohn darüber gesprochen hatte, Perth abzugeben. Er sagte seinem Sohn, dass es das Richtige war. Sie war nicht ihr Hund. Außerdem hätten sie viel mehr Geld für Weihnachten. Der Junge weinte und umarmte Perth. Am Nachmittag fuhren er und sein Vater in die Stadt, um den Tierschutzverein in Rutland anzurufen, der das Plakat aufgehängt hatte. Er sprach mit Alice, der Frau, die uns die letzten Monate so dabei geholfen hatte, Perth zu suchen. Sie war außer sich vor Freude.

»Oh«, rief sie, »Mr. und Mrs. Martin werden Freudentänze aufführen. Sie haben monatelang nach Perth gesucht. Was für wunderbare Neuigkeiten. Vielen Dank, dass Sie angerufen haben, Mr. Desmond.«

»Ihr Name ist Peg, nicht Perth«, erwiderte er, »oder vielleicht auch Pem.«

»Peg? Nein, nein, Mr. Desmond, sie heißt Perth. PEM sind Mr. Martins Anfangsbuchstaben. Er hat sie vor sechs Jahren, als er sie gekauft hat, in ihr Ohr tätowieren lassen.«

»Sechs Jahre alt! Sie sieht nicht aus wie sechs, eher wie zwei. Sie ist ein toller Hund. Mein Sohn und ich wollen sie eigentlich nicht weggeben, aber wir können das Geld gut gebrauchen.«

»Ja, natürlich, ich verstehe. Es muss sehr schwer für Sie sein. Sagen Sie mir doch bitte, wo Sie wohnen, dann komme ich morgen früh zu Ihnen.«

»Nein, ich komme zu Ihnen.« Er wusste, dass es kein Zurück mehr gab, wenn er ihr seine Adresse verriet. Er war sich immer noch nicht sicher, ob er Perth wirklich abgeben wollte, wenn es ernst wurde. Er würde es entscheiden, wenn er dort war und mit der Frau sprach.

Früh am nächsten Morgen fuhr er mit Perth auf dem Beifahrersitz die hundert Kilometer bis nach Rutland. Alice erwartete ihn in ihrem unordentlichen Büro. Er ließ Perth im Auto und ging hinein.

»Wie geht es Ihnen, Mr. Desmond? Vielen Dank, dass Sie

den weiten Weg hierher gekommen sind. Es muss sehr schwer für Sie sein. Ich muss Ihnen sagen, dass ich so aufgeregt bin, Perth zu sehen. Aber wo ist sie denn?« Sie strahlte über das ganze Gesicht.

Er war kurz angebunden und vorsichtig. »Sie iss im Auto, aber zuerst will ich wissen, ob die Besitzer sie wirklich lieben. Sonst geb ich sie nämlich nicht her. Vielleicht haben sie sie schon vergessen.«

»Mr. Desmond, ich kenne niemanden, der seinen Hund so liebt wie die Martins ihre Perth. Das müssen Sie mir glauben. Sie haben die Hoffnung, sie wieder zu finden, nie aufgegeben. Sie rufen mich jede Woche an, um zu hören, ob es etwas Neues gibt. Als sie am Anfang vermisst wurde, sind sie extra aus England hergekommen, um sie zu finden. Mr. Martin hat drei Wochen lang nichts anderes getan, als nach ihr zu suchen.«

»Wenn sie sie so geliebt haben, warum haben sie sie dann nicht mitgenommen?«

»Das ging nicht. Sie mussten für drei Monate nach London.«

Er schien mit dieser Erklärung zufrieden zu sein. Zögernd stand er auf. »Nun, dann hol ich mal den Hund.« Nach einer Minute war er zurück im Büro. Perth stand neben ihm und sah Alice an.

Alice starrte Perth an, als sehe sie irgendein legendenumwobenes Tier. Sie konnte kaum glauben, dass sie wirklich da war. Das war also der kleine Hund, der so viel Leid und Probleme verursacht hatte, der durch ganz Vermont gelaufen war und sechs Monate lang überlebt hatte. Das war der Hund, der ein Ferienlager voller Mädchen in den Green Mountains in Angst und Schrecken versetzt und einen Farmerjungen dazu gebracht hatte, Lederhandschuhe zu tragen, der Hund, der grausam in einer Scheune angekettet war. Sie war augenblicklich überwältigt von Perths Schönheit. Sie sah schlank und fit aus.

»Hallo, Perth«, sagte sie leise. »Ich bin froh, dich endlich kennen zu lernen.«

Perth neigte ihren Kopf etwas zur Seite. Sie hatte ihren Namen sechs Monate nicht mehr gehört. Es war ein Klang aus der Vergangenheit. Sie wedelte langsam mit dem Schwanz. Alice ging auf sie zu.

»Seien Sie vorsichtig«, sagte Mr. Desmond, »sie könnte beißen.« Alice wusste das von Perth und hatte nicht vor, sich Freiheiten herauszunehmen.

»Schon in Ordnung, ich werde vorsichtig sein.« Dann machte sie ein Experiment.

»Wo ist Peter, Perth, wo ist Peter?«

In diesem Moment kam Leben in Perth. Sie wedelte heftig mit dem Schwanz, bellte laut, rannte aufgeregt im Büro herum und schnupperte überall nach einem Zeichen von mir. Hier war eine Frau, die sowohl den Namen ihres Herrchens als auch ihren eigenen kannte. Ihr Herrchen musste in der Nähe sein. Wo war er bloß?

»Oh, es ist wirklich Perth!«, rief Alice erfreut. »Peter kommt bald, Peter kommt bald, Perth«, sagte sie. Alice kauerte sich auf den Boden, und Perth ging geradewegs zu ihr, legte ihre Pfoten auf Alices Arme und sah sie aufmerksam an.

Als Mr. Desmond das sah, wusste er, dass er den Hund abgeben musste. Aber er benötigte das Geld und würde den Hund nicht eher übergeben, bevor er es hatte.

»Lassen Sie Perth hier, Mr. Desmond? Ich werde die Martins anrufen und ihnen die gute Nachricht mitteilen. Sie werden Ihnen die hundert Dollar sicher umgehend überweisen.«

»Oh nein, mein Junge muss sie noch mal sehn. Sie fährt mit mir zurück. Sagen Sie den Besitzern, dass sie sie bei mir abholen sollen.«

»Das könnte schwierig werden, denn sie wohnen in Florida. Sie können ihnen vertrauen, Mr. Desmond. Es sind ehrliche Leute. Wenn sie sagen, dass sie Ihnen das Geld geben, dann tun sie es auch.«

»Nein, ich muss sie mitnehmen. Ich sag Ihnen, wie man zum Campingplatz kommt. Dann können Sie sie dorthin bringen.«

»In Ordnung. Vielen Dank. Wir werden uns schon etwas einfallen lassen. Es war sehr nett von Ihnen, dass Sie gekommen sind.«

Er beschrieb ihr den Weg. Alice umarmte Perth, bevor sie hinausgingen. »Keine Sorge, Perth«, sagte sie, »Peter kommt bald.«

Alice hatte die Telefonnummer von Cindys Eltern in Boston und rief sie sofort an. Sie sagten ihr, dass wir auf den Bahamas und daher nicht erreichbar waren, aber ohne zu zögern, erklärten sie sich bereit, am Wochenende die dreihundert Kilometer nach Vermont zu fahren, um Perth abzuholen und die Belohnung zu bezahlen.

In dieser Woche ging der strahlende Herbst zu Ende. Ein heftiger Schneesturm fegte über Neuengland hinweg und bedeckte den größten Teil des Gebiets mit dreißig Zentimetern Pulverschnee. Das war toll für die großen Skizentren in diesem Teil der Welt, aber schrecklich für jemanden, der versuchte, einen kleinen Campingplatz in irgendeinem Kaff in Vermont zu finden, der nur über ungeteerte Straßen erreichbar war. Nur wenige dieser Straßen waren in der Karte verzeichnet und kaum eine würde an diesem Wochenende geräumt sein. Die Peters waren nervös, aber sie fanden es auch aufregend, eine wichtige Rolle in dem großen Drama um Perths Wiederkehr zu spielen. Früh am Samstagmorgen kamen sie bei Alice an. Sie fuhren sofort weiter, um genug Zeit zur Verfügung zu haben. Alice in ihrem Lieferwagen, Cindys Eltern in ihrem Auto. Als sie sich den Skigebieten in den Bergen und dem Mount Mansfield State Forest näherten, stießen sie auf ein verwirrendes Netz verschneiter Straßen und verfuhren sich einige Male. Das Fahren war nicht ungefährlich. Wundersamerweise fanden sie den Campingplatz, bevor die Sonne untergegangen war.

Vater, Mutter, Sohn und Perth warteten in dem zugigen, kalten Haus. Was im wunderbaren Herbst wie ein Paradies am See ausgesehen hatte, wirkte nun wie ein einsamer, dunkler

Fleck am Ende der Welt. Der Platz hatte etwas Melancholisches an sich. Alice ging ins Haus, während die Peters draußen warteten, dass die anderen herauskamen. Schließlich kamen sie, gefolgt von Perth, und ein großer Trubel folgte. Perth stürzte sofort zu Cindys Eltern und begrüßte sie freudig.

Während sie auf der Zufahrt standen, besprachen sie alles Wichtige. Niedergeschlagen hielt Robert Perth in den Armen und sagte nichts. Mr. Desmond erzählte, was alles passiert war: wie Perth aufgetaucht war, wie sie sich in sie und ihr energievolles Wesen verliebt hatten, wie sie fast aufgrund des aufgeplusterten Campingplatzbesitzers eingeschläfert worden wäre, wie sie auf das Plakat gestoßen waren und dass Vater und Sohn sie nicht mehr hergeben wollten. Cindys Vater händigte ihnen einen Scheck über hundert Dollar aus und bedankte sich überschwänglich, dass sie Perth gerettet hatten. Er erzählte ihnen von uns und von wo Perth weggelaufen war, dass wir sie drei Wochen lang im August gesucht hatten und dass es für uns so gewesen war, als hätten wir ein Kind verloren. Ich glaube, Vater und Sohn hatten danach ein besseres Gefühl dabei, Perth abzugeben. Dann zog Alice eine Überraschung aus ihrem Auto. Es war ein kleiner, sechs Monate alter Beaglewelpe, der ausgesetzt worden war. Sie übergab ihn Robert, der ihn in seinen Armen wiegte.

»Robert«, sagte sie zu ihm, »das ist zwar nicht Perth, aber es ein Beagle und er sieht ihr ähnlich. Du musst dich gut um ihn kümmern, so wie du es bei Perth gemacht hast, und ihr viele Jahre lang deine Zuneigung schenken.« Der Junge war außer sich vor Freude. Er trug den Welpen ins Haus, kam dann wieder heraus und umarmte Perth heftig. Sein Vater war trauriger und benötigte mehr Zeit, um sich von Perth zu verabschieden. Es war offensichtlich, dass Perth ihn sehr liebte. Aber als Cindys Mutter die Autotür öffnete, sprang sie sofort hinein und saß in stiller Würde auf dem großen ledernen Rücksitz, als ob sie genau wüsste, wohin sie fuhren. Alice, die Heldin der Geschichte, umarmte die Peters, dann machten sie sich auf den Weg. Ohne Unterbrechung fuhren sie durch die verschneite Landschaft bis nach Boston in die Tiefgarage des Apartmenthauses. Vorsichtig nahmen sie Perth im Aufzug mit in ihre Wohnung im zwanzigsten Stock – sie waren nervös, da Hunde in dem Haus strengstens verboten waren. Perth war auf dem ganzen Weg ruhig und voller Vertrauen gewesen. Innerhalb weniger Stunden war sie von einem dunklen Campingplatz im Hinterland von Vermont fortgerissen worden und ins Zentrum einer der kosmopolitischsten, wohlhabendsten und modernsten Städte der Welt gelangt.

Als Perth durch die Wohnungstür lief, hatte sie statt der blanken Holzdielen in Emile Desmonds Haus einen Plüschteppich unter ihren Pfoten, der sich wie ein weicher Rasen von einer Wand zur anderen quer durch alle Räume erstreckte. Sie trottete neugierig darauf herum und ging fasziniert durch alle Zimmer. Der Teppich schien endlos zu sein. Statt von groben Sperrholzwänden und trüben Fensterscheiben, durch die man herunterfallende Birkenblätter und mächtige Koniferen sah, war sie hier von weiß verputzten Wänden mit riesigen Flachglasfenstern umgeben, durch die sie, wenn sie auf einen Stuhl sprang, auf die Skyline von Boston mit seinen Wolkenkratzern und tiefen Straßenschluchten blickte. In der Ferne sah man die Massachusetts Bay. Auf der anderen Seite der Wohnung eröffneten weitere Panoramafenster einen Blick auf die entfernte Landschaft außerhalb der Stadt, in Richtung Vermont. Anstatt der wackeligen Stühle mit den abgenutzten Polstern, bei denen teilweise schon das weiße Füllmaterial herausquoll, saß sie wie ein vornehmer Palasthund der Königin von Saba auf breiten Armsesseln mit bauschigen, tadellosen Kissen, die nach seltsamen, edlen Stoffen rochen. Die Betten waren wie Fußballfelder. Sie konnte unter die Decke krabbeln, ohne mit jemand anderem im Bett in Kontakt zu kommen. War sie aus einem Traum erwacht oder in einen hineingeraten?

Während Cindys Vater sich am nächsten Tag eifrig um einen Flug bemühte, mit dem Perth in einem tragbaren Käfig nach Florida geschickt werden konnte, blieb sie in der Wohnung und wartete. Cindys Eltern wagten sich nur zwei Mal mit Perth nach draußen, um auf den von Menschen wimmelnden Bürgersteigen einen Spaziergang zu machen, da sie jedes Mal im Lift riskierten, entdeckt zu werden. Als es Abend wurde, war alles für die Rückreise vorbereitet, und am nächsten Tag fuhren sie in aller Frühe noch vor der Morgendämmerung mit dem Lift zur Tiefgarage. Von dort aus brachten sie Perth mit dem Auto zum Flughafen. In der Frachtabteilung umarmten sie die Peters noch einmal, und dann ging sie ohne zu zögern in ihren Käfig, ohne den geringsten Protest. Niemand kann daran zweifeln, dass sie genau wusste, wer am Ankunftsort auf sie warten würde. Cindys Eltern sahen aus der Abflughalle zu, als sich das Flugzeug mit der wertvollen Fracht zum Himmel hinaufschwang.

Kapitel 11

Perth hatte sich in Vermont befreit und überlebt. Auch für uns war es an der Zeit, uns von Florida zu lösen, aber wann und wohin wir gehen sollten, war noch offen. Als wir nach Monaten schmerzlicher Trennung wieder mit ihr vereint waren, wussten wir nur, dass ein neuer Anfang in der Luft lag.

Das Meer in Florida begeisterte uns drei immer noch, und wir nutzten es voll aus. Es verwunderte uns nach wie vor, dass so viele Menschen aus Florida die Nase über die Touristen aus dem Norden rümpften. Sie bezeichneten sie als »Schneevögel«, da sie aus dem Schnee in die Sonne und ans Meer flüchteten. Selbstgefällig mieden die Bewohner das Meer, da es für sie unter ihrer Würde war, etwas so »Touristisches« zu tun, wie im Meer zu schwimmen. Es sei zu kalt, meinten sie, und zu rau. Sie müssen wahnsinnig sein, im Dezember im Meer zu schwimmen, sagten sie zu uns. Aber wir dachten, dass sie die Wahnsinnigen waren, und schwammen mit anhaltendem Vergnügen. Das Leben in Florida war am schönsten, wenn wir zu dritt am Strand herumtollten; Perth verschwand im Dickicht, während Cindy und ich in der schäumenden Brandung auf den Wellen ritten. Wir konnten das stundenlang tun.

Aber trotz des Meeres und der Sonne sprach für uns nicht viel dafür, in Florida zu bleiben. Es war stumpfsinnig. Nach ihren Erfahrungen im geheimnisvollen Hinterland Vermonts fand Perth es auch langweilig. Abgesehen von ihren Jagdausflügen durch das Unterholz und die geheimen Gärten der trägen Reichen hatte sie nichts zu tun. Das Leben schien an uns vorbeizugehen. Die turbulenten späten sechziger Jahre waren gekommen und wieder verschwunden, aber hier unten im Land, in dem Milch und Honig flossen, hatten wir kaum etwas von den Ereignissen bemerkt. Vor uns breitete sich eine enervierende Welt aus Lotosblumen aus, ein Land des Vergessens und der Stagnation. Wir mussten alle von hier fort.

Der nächste Sommer kam schnell. Wir hatten ein Steincottage an der felsigen Küste von Maine gemietet und sehnten uns sehr danach, dorthin zu kommen. Dies würde der Sommer aller Sommer werden, ohne Reisen, ohne ein drängendes Forschungsprojekt, ohne Frühstückspensionen und ohne Angst haben zu müssen, dass wir getrennt sein würden. Nur wilde Möwen, die über dem Nordatlantik kreischten, Wellen, die gegen die Felsen donnerten, hellstes Sonnenlicht in einer Luft, die nicht klarer sein konnte, roter Hummer, den man mit zerlassener Butter auf den Felsen aß, viel schwimmen, angenehm kühle Abende in der Nähe der Brandung, Saltwater Taffys – das waren leckere Karamellbonbons – es war ein nördliches Paradies. Wir würden die Stunden und Tage ohne Stress und Sorgen verstreichen lassen. Es wäre auch Neuland für Perth. Sie würde alles ungehindert erkunden können. Sie nahm unsere Begeisterung anhand unserer Stimmen und unserer Vorbereitungen wahr und schien selbst ungeduldig, endlich loszukommen. Sie schnaufte heftig und unruhig, und ihre Augen waren weiter geöffnet als sonst. So sollte es sein. Es konnte passieren, dass wir uns alle dort oben festsetzen und nie mehr unseren Weg zurück nach Florida finden würden.

Wir fuhren mit dem Auto auf der kürzesten und schnellsten Strecke, die ich finden konnte, die Ostküste hinauf und unterbrachen unsere Reise nur kurz, um Cindys Eltern in Boston abzuholen, die die erste Woche mit uns verbringen wollten. Sie hatten sich schon seit langem in Maine verliebt, und nachdem sie Perth aus Vermont geholt und dadurch eine tiefere Bindung zu ihr hatten, wollten sie auch etwas Zeit mit ihr verbringen. Als wir ankamen, begann Perth sofort mit Streifzügen durch die Küstenlandschaft, und die ersten Tage bekamen wir sie kaum noch zu Gesicht. Das Cottage war rustikal und malerisch. Wir konnten uns alle großartig erholen. Keiner sagte dem anderen, was er tun oder nicht tun sollte. So ging es etwa eine Woche lang; dann musste ich plötzlich einen Termin südlich von Boston wahrnehmen. Ich fuhr dorthin und übernachtete in der Wohnung von Cindys Eltern.

Am nächsten Morgen putzte ich mir gerade die Zähne, als das Telefon klingelte. Am anderen Ende der Leitung war eine männliche Stimme mit englischen Akzent. Ich hatte den Mann im vorigen Sommer in England kennen gelernt.

»Dr. Martin, sind Sie immer noch daran interessiert, hier zu lehren?«, fragte er. »In unserem Institut ist plötzlich eine Stelle frei geworden, die wir gerne mit Ihnen besetzen würden.« Ich nahm die Zahnbürste aus dem Mund und versuchte mich zu sammeln, um etwas Zusammenhängendes zu sagen. »Es ist nur so, dass wir eine sehr schnelle Entscheidung von Ihnen bräuchten«, fügte er hinzu.

»Ja, ich bin auf jeden Fall interessiert«, antwortete ich und versuchte dabei so sachlich wie möglich zu klingen. »Wie haben Sie denn meine Nummer hier herausgefunden?«

»Sie stand in unseren Unterlagen. Zuerst haben wir es unter Ihrer Nummer in Florida versucht. Möchten Sie das Angebot denn annehmen?«

»Muss ich mich in diesem Moment entscheiden? Oder kann ich Sie in ein paar Stunden noch mal anrufen? Meine Frau ist gerade in Maine, und natürlich würde ich gerne vorher mit ihr darüber sprechen.« Fast hätte ich gesagt, dass ich auch noch meinen Hund fragen musste. Bilder von Perth, die durch Englands grüne, schöne Landschaften jagte, schossen durch meinen Kopf.

»Rufen Sie mich in ein paar Tagen an«, antwortete er.

Er hängte auf, und sofort rief ich in Maine an und sprach mit Cindy.

»Du solltest dich lieber erst mal hinsetzen, bevor du das

hörst«, begann ich. »Ich habe gerade einen Anruf aus Südengland bekommen, aus Sussex, um genau zu sein. Sie haben mir einen Job angeboten, der im Oktober anfangen würde. Was hältst du davon?« Ein paar Sekunden lang war es still. Dann atmete sie tief durch und rief »Hurra«. Im Handumdrehen entschlossen wir uns zuzusagen. Ich rief sofort wieder in England an und hatte innerhalb von Sekunden einen Lehrauftrag im Geburtsland meines Vaters, dem Land, das ich durch seine Literatur am besten kannte. Ich wohnte zwar in Amerika, aber seit Jahren hatte ich mich in meiner Vorstellung in England aufgehalten. Nun würde es Wirklichkeit. Als ich den Hörer auflegte, wurde ich bereits aus meiner körperlichen Existenz in Amerika heraus- und in ein Land der Träume hineingetragen. Die Welt um mich herum veränderte sich plötzlich und wurde von einer leuchtenden Hoffnung und einem Gefühl der Vorfreude durchdrungen. Alles schien besser, leichter und viel versprechend zu sein.

Würde dieser englische Lehrauftrag ein neues Kapitel eröffnen und ein Leben im Ausland einleiten? Ich hielt es durchaus für möglich. Zumindest wusste ich, dass ich mich danach sehnte, Amerika zu verlassen. Cindy ging es genauso. Obwohl wir die Amerikaner und ihren kühnen Optimismus sehr mochten, hatten wir festgestellt, dass sich der Lebensstil in diesem Land in den sechziger Jahren dramatisch verändert hatte und sich zum Schlechteren entwickelte. Es war nicht so sehr das wachsende Misstrauen gegenüber Autoritäten und Traditionen, das am deutlichsten an den Universitäten spürbar wurde, sondern die zunehmende »Verflachung« der Kultur in vieler Hinsicht. Amerika war immer ein Land der Übertreibung gewesen, daher waren die Amerikaner auf alles stolz, was größer, besser, schneller und einfacher war. Ihre Genialität stand immer außer Frage, aber oft war der einzige Grund, der angeführt wurde, um etwas Neues zu rechtfertigen, die nationale Faszination mit allem Neuen. Nach dem Motto: Wenn man etwas machen kann, sollte man es tun, selbst wenn es überflüssig ist, selbst wenn es die bestehenden Nuancen des Lebens gefährdet. Solange Menschen etwas kaufen oder irgendwohin strömen, solange man Geld damit machen kann, wird es zu einer Tugend. Mir lief es angesichts der Massenkultur, die ihren Hydrakopf aggressiver denn je hob, kalt den Rücken herunter. Ich wusste, dass ein großer Teil meiner Unzufriedenheit aus mir selbst kam, aber das half mir auch nicht weiter.

Als uns dann das Angebot, in England zu leben, in den Schoß fiel, griffen wir zu und konnten gar nicht erwarten, dorthin zu kommen. Wir mussten unser Haus vermieten, aber wir konnten es uns nicht leisten, nach Florida zurückzufahren, um alles in die Wege zu leiten. Wir würden es per Post und über das Telefon organisieren müssen. Wir konnten in England auch mit den Sachen auskommen, die wir für den Sommer zusammengepackt hatten. Was meinen Job in Florida anging, so genügte ein Telefonat mit der Universität, und schon war ich für zwei Jahre beurlaubt.

Das größte Problem war Perth. Nach der anfänglichen Euphorie realisierten wir, dass es nicht so unkompliziert war, sie über den Atlantik zu schicken. Die Formulare, die auszufüllen waren, Impfungen, die Organisation einer Transportbox und eines Flugs für sie waren schon aufwändig genug, aber wo sollten wir sie hinschicken? An diesem Punkt wurde unsere Naivität mit der knallharten Realität konfrontiert.

»Sie können nicht mit Ihrem Hund zusammen fliegen«, sagte uns ein Mitarbeiter des britischen Konsulats in New York am Telefon. »Sie dürfen Ihren Hund nicht einmal am Londoner Flughafen abholen. Sie dürfen ihn nicht einmal sehen.«

»Wie bitte?«, antwortete ich gelähmt. »Warum nicht?«

»Haben Sie denn noch nichts von den britischen Quarantänegesetzen gehört?«

Verlegen gab ich zu, dass ich das nicht hatte. »Wie sehen die denn aus?«

»Kein Hund – und damit meine ich kein einziger Hund, nicht einmal der der Königin, falls sie einen fremden Hund hätte – darf einfach so nach Großbritannien einreisen. Jeder Hund, der aus einem anderen Land kommt, muss für sechs Monate in einem anerkannten Zwinger auf britischem Boden in Quarantäne. Es handelt sich um Zwinger, die speziell für diesen Zweck entwickelt wurden. Und Sie müssen es bezahlen, befürchte ich.«

»Das ist doch nicht Ihr Ernst!«

»So schreibt es das Gesetz vor. Der Grund ist, dass die Tollwut nicht ins Vereinigte Königreich hineingelassen werden soll. Das Vereinigte Königreich ist der einzige Teil Europas, in dem es keine Tollwut gibt, und die Regierung will, dass das so bleibt. Es gibt absolut keine Ausnahmen. Ich kann Ihnen helfen, einen Zwinger für Ihren Hund zu finden, der sich in der Nähe Ihres zukünftigen Wohnorts befindet. Alle Quarantänezwinger kosten ungefähr dasselbe. Aber angesichts dieser Situation möchten Sie Ihren Hund vielleicht lieber in Amerika lassen, ihn Freunden oder Angehörigen geben. Wir raten Ihnen dazu. Es ist besser für den Hund.«

Ich wäre ihm am liebsten an die Gurgel gegangen. »Aber warum um Himmels willen sechs Monate? Ich kann meinen Hund doch nicht sechs Monate in einen Zwinger stecken!«

»Eben. Deshalb empfehle ich Ihnen ja auch, ihn hier zu lassen. Sie können einen netten Hund in England bekommen, und außerdem wird Ihr Hund hier viel glücklicher sein als in einem Zwinger, das können Sie mir glauben. Und denken Sie mal daran, wie viel Geld Sie sich sparen würden. Es wird Sie an die vierzig Pfund (das waren sechzig Dollar) pro Monat kosten, von den Transportkosten ganz zu schweigen.«

Ich legte den Hörer auf. Da es nicht infrage kam, Perth zurück zu lassen, mussten wir uns die Sache gut überlegen. Sollten wir den Job trotzdem annehmen? Zu allem anderen kam noch hinzu, dass die Kosten uns ins Schleudern bringen würden. Mein Gehalt in England war niedriger als das in

Florida. In unseren pessimistischen Momenten stellten wir uns Folgendes vor: Wir würden ein schönes, mit allem modernen Komfort ausgestattetes Zuhause im subtropischen Florida, einen gut bezahlten Job und ein Leben, in dem Perth eine große Rolle spielte, aufgeben und stattdessen einen schlechter bezahlten Job annehmen, in einem gemieteten Haus in einem kalten, nassen Klima wohnen, gezwungenermaßen von unserem geliebten Hund getrennt sein, und auch noch teuer für dieses Privileg bezahlen. Und nicht nur das: Perth würde in einem kalten Gefängnis leben, in dem sie von Beton und Maschendrahtzäunen umgeben war. Wenn wir diese Pläne in die Tat umsetzten, wären wir grausam, egoistisch und dumm.

Das waren trübe Aussichten. Wir mussten in die Zukunft denken. Wir würden die Quarantänekosten schon irgendwie überleben, und was war dann? Nach sechs Monaten in der Hölle würde Perth frei in England herumlaufen können. Vor ihr würden die ländlichen grünen Wiesen und Weiden, die Hügel und Gärten des bukolischen Sussex liegen, anstatt der sterilen, abgeschotteten Gärten der Reichen in der Nähe des Strands in Florida. Es würde unendlich viele Tiere geben, die sie aufspüren, jagen und verbellen konnte. Wir würden bestimmt einen Garten mit einem wunderschönen, weichen Rasen haben, auf dem sie liegen konnte. Wir würden endlich wieder zusammen sein, und zwar für immer, da es keinen Grund gab, sich im Sommer zu trennen, denn es war unwahrscheinlich, dass wir während der Ferien ins heiße Florida zurückkehren würden. Cindy und ich würden alles genauso begierig in uns aufsaugen wie Perth. Wir würden auf den malerischen South Downs entlanglaufen, im Garten Tee trinken, das Grün der Landschaft das ganze Jahr über genießen und eine Kultur erleben, die uns geistesverwandt war. Wir würden von einer Welt umgeben sein, die ich wissenschaftlich erforschte, über die ich lehrte und schrieb. Es würde sich lohnen, sechs entbehrungsreiche Monate dafür auf sich zu nehmen.

Ich erinnere mich an einen der letzten Tage in Maine. Es war windig, und ich war mit Perth alleine an der felsigen Küste unterwegs. Inmitten des Getöses der Wellen, die gegen die Felsen schlugen, fragte ich sie, was wir tun sollten. Wir hatten eine eigene Art, miteinander zu kommunizieren. Ich sagte ihr ernst und in einem tiefen vertraulichen Ton, dass es für sie sechs Monate Gefängnis bedeutete. Aber sie schüttelte das Schreckgespenst ab. Sie sah wunderschön aus. Ihre Augen und ihre lebhaften Bewegungen drückten Abenteuerlust aus, sie wollte vorwärts gehen und war bereit, Risiken einzugehen und nicht zurück zu blicken. Das Meerwasser funkelte auf ihrem braunen Kopf, den sie hoch erhoben in den Wind hielt. Ich wusste, dass wir nach England gehen mussten.

Kapitel 12

Da Cindy zu diesem Zeitpunkt weniger Zweifel bezüglich unseres Umzugs nach England hatte als ich, machten wir uns gezielt daran, alles zu organisieren. Die Hauptsache war, einen Zwinger ausfindig zu machen, in dem Perth untergebracht werden sollte. Der nächste Zwinger befand sich in Alton, in Hampshire, etwa eineinhalb Autostunden von Arundel, der kleinen Stadt, in der ich lehren würde, entfernt. Es gab nicht viele Quarantänestationen. Eine oder zwei, die näher lagen, waren bereits ausgebucht.

»Es ist doch egal, wie weit der Zwinger von Ihrem Wohnort entfernt ist«, sagte der unfreundliche Mann aus dem Konsulat zu mir. »Sie werden Ihren Hund wahrscheinlich sowieso kaum sehen. Die Hundebesitzer kommen hier rein und beklagen sich darüber, wie brutal das Quarantänesystem ist. Sie jammern uns vor, dass sie ihre Hunde unbedingt mit nach Großbritannien nehmen müssen, und beteuern, dass sie sie jede Woche besuchen werden. Und dann bemühen sie sich letzten Endes nur selten, sie zu sehen. Die Hunde sind die wahren Leidtragenden.« Vielleicht hatte er ja grundsätzlich Recht, dachte ich, aber für uns galt das nicht.

Sobald der Platz im Zwinger organisiert war, buchten wir für Perth einen Flug im August. Wir stellten schnell fest, dass der Konsulatsbeamte Recht gehabt hatte. Wir konnten nicht im gleichen Flugzeug mitfliegen. Eines Montags fuhren wir sie daher morgens zum Logan Flughafen in Boston und checkten sie in der Frachtabteilung ein. Perth sah fröhlich aus und war bereit, voller Vertrauen in ihren Käfig zu gehen. Wir waren allerdings nicht so glücklich wie sie, da wir wussten, dass sie in England wieder in einen Käfig kommen würde. Außerdem wussten wir nicht, wann wir sie wieder sehen würden. Unser Flug war für die nächste Woche gebucht. Wir umarmten sie, rieben unsere Köpfe an ihrem, sogen noch einmal ihren sauberen Beagleduft ein und gingen dann. Sie machte keinen Mucks, als wir den Flughafen verließen.

Ihr Flug ging direkt zum Londoner Flughafen in Heathrow. Dort blieb sie in ihrem Käfig und wurde am gleichen Tag von einem Angestellten des Zwingers in Alton abgeholt. Er verfrachtete den Käfig in seinen weißen Lieferwagen, nachdem er die vielen offiziellen Formulare genau überprüft hatte. Perth setzte ihre Pfoten erst auf englischen Boden, als sie aus dem kleinen Transportkäfig in einen größeren Verschlag im Zwinger entlassen wurde. Aber natürlich gab es auch hier keine Erde, sondern nur einen Betonfußboden. Sie sah keine Bäume und roch keine Blumen. Sie wurde wie ein verurteilter Krimineller behandelt, der vom Gerichtssaal direkt ins Gefängnis gebracht wird. Und der Zwinger war einem Gefängnis nicht ganz unähnlich, da er ringsum mit zweieinhalb Meter hohen Betonwänden umgeben war.

Perth muss zutiefst verwirrt gewesen sein. Anstatt von uns am Flughafen empfangen und zu einem schönen Zuhause gebracht zu werden, wo sie mit neuen Erkundungstouren beginnen konnte, fand sie sich still auf einem kalten Betonboden in einem Käfig neben vielen anderen Käfigen wieder, in denen sich heulende, bellende, knurrende und aufsässige Hunde aller Arten und Rassen befanden. Es war wie im Irrenhaus. So etwas hatte sie noch nie erlebt. Wo waren ihr Herrchen und ihr Frauchen? Es konnte nur eine Frage der Zeit sein, bis wir sie aus dieser Hölle befreiten, dachte sie wahrscheinlich. Aber es wurde Nacht, und bald kam der nächste Morgen und noch immer gab es keine Spur von uns.

Wir waren immer noch in Boston, warteten auf unseren Flug, der in ein paar Tagen ging, und wussten nichts von ihrem kümmerlichen Dasein im Käfig. Wenn wir an den langen Aufenthalt in einem Zwinger in England dachten, stellten wir uns eine Art Hundehotel vor und kein Hochsicherheits-Tiergefängnis. Abgesehen von dem schrecklichen Gedanken, dass Perth sechs Monate in einem Zwinger verbringen musste, grübelten wir nicht weiter darüber nach, wie man sie dort behandeln würde. Es war paradox: Vor einem Jahr saßen wir in England fest und grämten uns, weil Perth im Hinterland von Vermont verschwunden war; jetzt saßen wir in Boston fest, und sie war wer weiß wo in England eingesperrt. Jedes Paradies hat seine unschöne Gegenseite, und Perth hatte sie in England innerhalb von einer Stunde erfahren.

Endlich kam unser Abreisetag. Wir bestiegen das Flugzeug und flogen in die Alte Welt, die für uns die schöne Neue Welt war. Acht Stunden später kamen wir in London an. Nach weiteren vier Stunden waren wir in West Sussex, achtzig Kilometer südlich von London. Glücklicherweise sah ich in der Zeitung, die ich am Flughafen kaufte, eine Annonce über ein modernes Cottage, das ab sofort zu vermieten war. Es befand sich in dem kleinen Ort Bury, nicht weit von Arundel entfernt. Außerdem sahen wir einen alten VW-Käfer, der beim Flughafen geparkt war. An der Windschutzscheibe klebte ein Schild, auf dem »zu verkaufen« stand. Ein holländischer Hippie mit durchgescheuerten Klamotten lehnte dagegen. Nach einigen Verhandlungen kauften wir ihm das Auto ab – er griff hastig nach dem Geld –, luden unser Gepäck ein und fuhren auf dem schnellsten Weg nach Bury.

Das Cottage war perfekt für uns, modern, aber geschmackvoll und malerisch, mit einem kleinen Garten und dem grünsten Gras, das man sich vorstellen kann. Ich warf einen Blick in die Garage und entdeckte zahlreiche Gartenwerkzeuge; manche Ausführungen hatte ich noch nie gesehen. Der Ort war wundervoll, es war der Inbegriff eines englischen Dorfes und sah aus wie aus dem Bilderbuch. Nach unserer zwölfstündigen Reise waren wir müde, aber nachdem wir unser Gepäck ausgeladen hatten, zogen wir die Landkarte heraus, machten Alton ausfindig, sprangen in unseren Käfer und fuhren westwärts. Der August in England war dieses Jahr wunderbar trocken und warm, und die gewundene Straße nach Hampshire, auf der wir an diesem klaren sonnigen Nachmittag durch die Landschaft fuhren, verschlug uns den Atem.

»Wie aufregend«, jubelte Cindy. »Hier sind wir nun in England, die perfekten Auswanderer, reisen durch diese himmlische Landschaft und werden bald Perth sehen!« Für uns, die wir seit Jahren davon geschwärmt hatten, war die Landschaft so, wie wir sie uns nur wünschen konnten. Ein über alle Maßen üppiges Feld folgte dem anderen in einer endlosen Abfolge herrlicher Bilder. Steinmauern, ordentlich gestutzte Hecken – es war eine Zeit, in der Farmer und Gemeindeverwaltungen sie noch gewissenhaft schnitten und schützten –, saubere Straßen, entzückende reet- oder schiefergedeckte Steincottages, malerische Wäldchen, sanftes Gemeindeland, hin und wieder ein Landhaus, das sich inmitten ausgedehnter, alter Ländereien befand, und herrlich einladende Pubs erschufen Eindrücke, die offensichtlich von einer Gesellschaft erschaffen waren, die das Land achtete. Diese Landschaft wurde eindeutig geliebt. Es war eine Fortführung der englischen Identität. Alles war in einem menschlichen Maß geschaffen, ohne aufdringliche Reklametafeln und wuchernde Siedlungen, die an jeder Biegung von gierigen Investoren, die auf das schnelle Geld aus waren, hochgezogen wurden. Außerdem war das Land so zugänglich. Überall waren zahlreiche einladende Wege und Pfade zu sehen.

Wir hatten keine Ahnung, was uns im Zwinger erwartete. Er lag inmitten einiger Birken, neben der Straße. Das Erste, was wir bemerkten, war der unglaubliche Lärm der Hunde. Es war ein panisches, wildes Toben. In dem kleinen Büro trafen wir einen Mann an, der bestätigte, dass Perth angekommen war und dass wir sie sofort sehen konnten, da wir zum Glück während der nachmittäglichen Besuchszeit gekommen waren.

Er führte uns durch einen Gang nach draußen in einen großen, kalten Hof aus Beton, der mit zweieinhalb Meter hohen Mauern umgeben war. Das einzige Möbelstück in dem Hof war eine einzelne Holzbank. Dort, wo nie Sonnenstrahlen hinkamen, wuchsen grünes Moos und Algen auf dem Boden und den Wänden. Der Gestank von Hundeexkrementen war unerträglich. Dies war der Hochsicherheits-Besuchsbereich, in dem die Menschen ihre geliebten Tiere wiedersehen konnten. Es war kein Ort, an dem man sich gerne lange aufhielt, nicht einmal mit seinem Hund. Der Mann sagte uns später, dass die Besitzer ihre Tiere nicht häufig besuchten, wenn sie überhaupt kamen. An diesem Tag waren wir bisher die einzigen Besucher.

Wir wollten mit dem Mann mitgehen, um zu sehen, wo Perth war, aber er hielt uns zurück. »Die Regierungsvorschriften gestatten das nicht«, sagte er. Wir warteten, während er sie holte. Wir waren ausgesprochen verdrossen. Keiner von uns sagte etwas. Alles, was wir hätten sagen können, war in unseren Gesichtern abzulesen. Zehn Minuten später kam der Mann mit Perth an der Leine durch eine grüne Tür. Ohne Umschweife machte er die Leine von ihr los und verschwand.

Sie sah auf, erblickte uns und kam über den Hof zu der Bank, auf der wir saßen, geschossen. Sie heulte in heller Aufregung. Wie so oft, wenn sie aufgeregt war, sprang sie nicht sofort in unsere Arme, sondern rannte außer sich vor Freude einige Male im Kreis um uns herum und lief dann noch ein paar Mal im Hof hin und her. Danach konnten wir sie an diesem traurigen Ort zum ersten Mal in England in unsere Arme schließen. Ihr warmer, weicher Körper fühlte sich schön vertraut an. Überraschenderweise sah sie fit aus und roch sauber, sie hatte sogar etwas von dem Groggy-Hunde-Duft an sich.

»Liebes Hundchen«, murmelte Cindy in ihr Ohr. »Geht es dir gut? Behandeln sie dich ordentlich? Wir vermissen dich so sehr.« Ich massierte ihre Schultermuskeln und drückte ihren

Kopf gegen meinen. Ihre Augen waren klar und vor Aufregung weit geöffnet; sie blickten uns verständnisvoll an. Nach einer Weile streckte Perth sich auf Cindys Schoß aus, glücklich, ihre Wärme und Fürsorge zu spüren. Wir erzählten ihr von unserem Cottage, von Bury, dem Garten und der wunderschönen Welt, die sich überall rund um die Stadt erstreckte. Wir redeten und redeten, und sie hörte zu.

»Es wird wunderbar sein, Hundchen, wenn wir alle zusammen in unserem Cottage sind«, sagte Cindy. »Du wirst es lieben. Es gibt haufenweise Kaninchen und viele Hügel zu erkunden. Wir müssen Geduld haben. Ehe du dich's versiehst, werden wir lange, erfrischende Spaziergänge miteinander machen.« Wir gaben ihr ein paar Leckerlis zu fressen. Die Minuten vergingen, viele verbrachten wir schweigend, während wir gedankenverloren dasaßen.

Der Mann kam um vier Uhr wieder und forderte uns auf zu gehen. Perth gestattete ihm sie anzuleinen.

»Sei nicht verzweifelt, Perth, wir werden es gemeinsam durchstehen«, sagte ich mit Nachdruck, als der Mann sie ungeduldig an der Leine zog. »Friss dein Futter, und wenn sie dir die Gelegenheit geben, dich zu bewegen, renn wie wild herum. Halte dich fit!«

Wir drückten sie, und dann ging der Mann mit ihr durch die grüne Tür in Richtung der heulenden Kakophonie aus den Käfigen. Bevor sie außer Sichtweite war, drehte sie sich um und blickte uns ein letztes Mal an. Wir gingen, niedergeschlagen und erschöpft. Wir durften sie erst in einem Monat wieder besuchen.

Kapitel 13

Unsere düstere Stimmung hielt während der Fahrt zurück nach Bury an, aber zu Hause hatten wir viel zu tun und machten uns eifrig ans Werk. In den folgenden Tagen warfen die quälenden Gedanken an Perths Elend und den Monat der erzwungenen Trennung einen anhaltenden Schatten auf unser neues Domizil. Aber wir mussten uns umsehen und unser neues Leben beginnen. Wir lernten das Dorf und einige seiner Bewohner kennen und erkundeten die endlosen Pfade durch Wiesen und Hügel und am Fluss Arun entlang, der anmutig bei der Gemeindekirche vorbeifließt, die nach Johannes dem Täufer benannt ist. Es sprach sich herum, dass »Amerikaner« ins Dorf gezogen waren, und es dauerte nicht lange, bis einige der langjährigen Bewohner vorbeikamen, um Guten Tag zu sagen. Das Einzigartige an einem englischen Dorf ist, dass man, sobald man sich eingewöhnt hat, meinen könnte, man sei schon jahrelang da. Man hat das Gefühl, dass man früher schon davon geträumt hat und dass es auf geheimnisvolle Weise das eigene vorbestimmte Zuhause ist. Es ist wie bei einem uralten Mythos, durch den Erinnerungen und Traditionen greifbar werden und der so oft in der Vorstellung wiederkehrt und einem als Ausdruck menschlicher Bedürfnisse so vertraut ist, dass man ihn sofort erkennt. Man schlüpft mit der gleichen Selbstverständlichkeit in diese Vorstellungswelt hinein wie in ein altes Hemd oder einen alten Mantel. Es verleiht einem das Gefühl, man selbst zu sein.

Ein typisches englisches Dorf ist natürlich alt und zugleich Teil der realen Welt. In einem idealen, unverdorbenen Zustand ist es eine kleine autarke Welt für sich, ein wunderschöner und fruchtbarer Ort zum Leben. Es ist kaum nötig, sich aus dem Dorf hinauszubegeben, außer vielleicht, um zu arbeiten, so wie ich ins nahegelegene Arundel zur Arbeit fuhr. Bury ist noch immer so. Es hat seine eigene Kirche, Schule, Post, seinen eigenen Pub, einen Laden und eine Farm (bei der wir Milch, Sahne und Eier kaufen können) und eine Hundepension. Außerdem gibt es eine Reihe von Vereinen und Clubs wie zum Beispiel den Gartenverein, eine Spielgruppe für Kleinkinder, einen Konzertverein, einen Tennisclub, einen Wanderverein, einen Kochverein, einen Radfahrverein und das Fraueninstitut. Das Dorf regiert sich selbst mithilfe eines Gemeinderats, der versucht, mit einem Minimum an Auseinandersetzungen alle zufrieden zu stellen. Der Gemeinderat versucht auch, feindliche Geldhaie aus der Stadt abzuwehren, die sich in der Gegend umsehen, um das eine oder andere Cottage oder ein Stück Land aufzukaufen, das sie renovieren oder zur Bebauung erschließen wollen. Auf diese Weise würden die uralten Mythen und Traditionen zerstört, die sie gewinnbringend auszuschöpfen versuchen. In den letzten Jahren kam die Abwehr solcher Eindringlinge dem Versuch gleich, zahlreiche Lecks in einem aufweichenden Deich zu stopfen.

Cindy und ich nahmen in Bury bald noch etwas anderes wahr, das Menschen, die nicht in einem Dorf leben, leicht entgehen kann: eine unbeschreibliche Aura der Sicherheit und des Schutzes, die alles umgibt. Anders als ein Ort, an dem man vorübergehend Zuflucht sucht oder an dem man sich zur inneren Einkehr aufhält, strahlte die Lage des Ortes in der Landschaft etwas Unvergängliches aus. Umgeben von der Natur, war dieser Ort seit Jahrhunderten im Einklang mit seinen Zyklen und Jahreszeiten. Es war ein Gefühl der Sicherheit, das keiner von uns beiden je zuvor gekannt hatte. Zum ersten Mal verstand ich ein wesentliches Merkmal in der englischen Literatur, etwas, das Schriftsteller von Chaucer über Shakespeare, Jane Austen, John Keats oder Kenneth Grahame bis zu den großen Poeten der letzten hundert Jahre beschrieben und gefeiert haben: die tiefe Sympathie und Zuneigung, die die Engländer für ihre Landschaft empfinden, und die Art und Weise, wie sie sie nutzen, um sich sich selbst zu erklären.

Bury ist sehr bevorzugt. Es liegt still am Fuße der South Downs, einer langgezogenen Hügelkette, die sich hundertdreißig Kilometer weit erstreckt. Abgesehen von Farmern wohnt sonst fast niemand dort. Im Osten breitet sich der Ort über sanft abfallende Weiden sowie Gersten- und Weizenfelder bis zum Fluss aus, hinter dem sich ausgedehnte Feuchtwiesen und in der Ferne die grünen Downs befinden. Wie bei einem perfekten Bühnenbild ist im Hintergrund – harmonisch in der Mitte des Bildes angeordnet – der Ort Amberley mit seiner mittelalterlichen Burg zu sehen. Im Westen schlängelt sich eine kleine Straße durch eine Reihe von verstreuten Dörfern und Weilern, die alle friedlich unterhalb der Downs liegen. Von dieser Straße führen Pfade entweder in die Hügel hinauf oder zu den angrenzenden Weiden. Im Ort selbst sind die reet- und schiefergedeckten Cottages entlang der beiden Straßen angeordnet, die ihn durchziehen, so dass man von den Gärten der meisten Häuser einen offenen Blick auf die umliegende Landschaft hat. Innerhalb einer Minute gelangt man auf Pfaden von jedem beliebigen Teil des Ortes in die offene Landschaft.

Alles in allem war es ein Paradies, das wie für uns und Perth gemacht war. Im Moment war es überschattet durch die traurige Tatsache, dass sie es sechs Monate lang nicht genießen konnte. Aber die Wochen vergingen schnell, und einen Monat später bahnten wir uns eines Samstagsmittags wieder unseren Weg zum Zwinger, dem düsteren Fleck in unserer Vorstellung. Als wir dort ankamen, wurden wir ohne Umschweife in den Betonhof geführt, wo wir auf Perth warteten. Es roch nicht besser als beim ersten Mal. Die Minuten vergingen, und dann war sie bei der Tür. Der Mann ließ sie von der Leine, ihr Kopf schnellte nach oben, sie sah uns auf der Bank und war in einer Sekunde bei uns, um uns stürmisch zu begrüßen.

»Was für ein wunderbares Hundchen«, rief Cindy, als sie ihre Arme um Perth legte, die auf ihren Schoß gesprungen war. »Ist es dir in all diesen Wochen ohne uns gut ergangen? Denkst du an uns? Wir vermissen dich schrecklich, du tapfere Perth.«

Perth hatte es sich immer noch nicht angewöhnt, irgendjemanden wild mit ihrer großen Zunge abzuschlecken, nicht einmal uns, und zeigte ihre Gefühle, indem sie uns mit einem tiefen und äußerst liebenden Blick direkt in die Augen sah und dabei heftig schnaufte. Sie ging ständig von Cindys Schoß zu meinem und wieder zurück und stieß gelegentlich ein Heulen aus. Die Spannung in ihrem Körper löste sich allmählich, und nach ein paar Minuten ließ sie sich auf Cindys Schoß nieder. Wir sagten nicht viel, aber es war nicht nötig zu sprechen.

Wir saßen eine halbe Stunde lang da, ohne uns zu bewegen. Ich ließ meinen Blick niedergeschlagen über die leblosen, kalten, unbarmherzigen Mauern, die den Hof umgaben, wandern. »Noch fünf Monate, Perth, hältst du das aus?«, flüsterte ich, während ich ihren Kopf und ihren Rücken streichelte und ihre Schultern massierte. Dann blieb mein Blick an der zweieinhalb Meter hohen Mauer auf der anderen Seite des Hofs gegenüber dem Hauptgebäude hängen. Ich konnte die Spitzen der hohen Kiefern dahinter erkennen. Jenseits der Mauer war offenes Gemeindeland, es erstreckte sich meilenweit, ohne Straßen oder Menschen. Ein Hund konnte sich darin verirren. Ich sprang auf die Füße, schnappte mir Perth von Cindys Schoß und trug sie zur Mauer.

»Lauf wie verrückt, Perth, und komm nicht hierher zurück!« Ich legte meine Hände unter ihre Brust und den Bauch und warf sie mit aller Kraft zum oberen Mauerrand hinauf. Wenn sie nur die zweieinhalb Meter überwinden konnte, würde sie außerhalb des umzäunten Geländes landen und durch die Bäume, Sträucher und Farne flüchten. Wir konnten dann später mit dem Auto die Straße entlangfahren, uns zu Fuß zurückschleichen und nach ihr suchen. Es würde leicht sein, sie zu finden.

Aber ich konnte sie nicht hoch genug werfen. Ihre Vorderpfoten erreichten den oberen Mauerrand, aber der Rest ihres Körpers zog sie nach unten, und sie fiel ohne sich weh zu tun auf den harten Beton. Sie war begeistert. Sie heulte mich auffordernd an und wollte, dass ich es erneut versuchte. Ich wollte es gerade tun, als Cindy zu mir gerannt kam und meine Arme festhielt.

»Bist du verrückt? Willst du auch im Gefängnis landen?«, sagte sie verzweifelt. »Was würdest du denn dem Mann sagen, wenn er zurückkommt, um Perth zu holen? Wie würdest du es ihm erklären, wenn sie nicht hier wäre?«

»Ich könnte ihm irgendwas erzählen. Ich könnte ihm sagen, dass ein Mann, den wir nicht kennen, gekommen ist, um sie zurück in den Käfig zu bringen. Oder wir sagen dem Mann im Büro einfach, dass sie noch im Hof ist, und verschwinden dann schleunigst.«

»Aber sie würden uns in Bury ausfindig machen und sie finden. Was dann? Dann hätten wir Riesenprobleme. Sie müsste die sechs Monate von vorne beginnen. Oder noch schlimmer, sie könnten sie einschläfern, sie töten. Sei nicht wahnsinnig!«

Ich wollte sagen, dass wir sie verstecken konnten und dass man nach ein paar Wochen aufhören würde, sie zu suchen. Ich war sicher, dass ich Perth beim nächsten Mal über die Mauer werfen konnte. Aber meine Anwandlung war vorbei. Ich gab mich geschlagen und ging zur Bank zurück. Perth und Cindy folgten mir. Wir beruhigten uns, und Cindy zog einen großen Lammknochen vom letzten Sonntagsmahl aus ihrem Korb. Perth nahm ihn begeistert entgegen und begann, in der Nähe der Mauer das Fleisch herunterzureißen. Sie ließ sich Zeit und machte es sorgfältig. Ihre Zähne hatten einen Monat lang nichts Ordentliches zu beißen gehabt. Es war befriedigend, sie dabei zu beobachten. Es war ein primitiver und instinktiver

Akt, der sie wieder mehr zu einem Teil des Lebens zu machen schien.

Perth war noch mit dem Knochen beschäftigt, als wir ein paar Stunden später gingen. Sie verputzte ihn komplett innerhalb von ein oder zwei Tagen. »Sei tapfer, Hundchen«, sagte Cindy. »Wir kommen nächsten Samstag wieder.« Perth sah uns voller Gefühl an und gab uns zu verstehen, dass sie wusste, dass wir versucht hatten, sie zu befreien, und dass wir uns genauso elend fühlten wie sie. Ab diesem Zeitpunkt kamen wir jede Woche wieder, da wir sie nun besuchen konnten, wann wir wollten. Jedes Mal vollzogen wir unser Ritual und fühlten still mit ihr mit. Ich versuchte nie mehr, Perth über die Mauer zu werfen. Ein Lichtblick war für uns, dass der Zwinger eine junge Frau namens Allison anstellte, die Perth sofort in ihr Herz schloss und versuchte, ihr das Leben etwas angenehmer zu machen. Einige Male setzte sie sich mit zu uns auf die harte Bank im Hof.

Ein weiterer Lichtblick war, dass wir nach drei langen Monaten von einer anderen Quarantänestation hörten, in der ein Platz frei war. Sie befand sich in Elsted, nur fünfzehn Kilometer von Bury entfernt. Wir fuhren sofort hin, um uns den Zwinger anzusehen, denn alles wäre besser als das, wo sie im Moment war; und da der neue Zwinger so nah an unserem Zuhause lag, würden wir sie mindestens zweimal pro Woche besuchen können. Als wir den Zwinger sahen, wussten wir, dass Perth dorthin musste. Der Ort Elsted liegt noch abgelegener und ländlicher als Bury, am Ende eines gewundenen Weges, der in den Downs endet. Der Zwinger selbst wird auf einer Seite von den Downs gesäumt und ist sonst von sanftem Hügelland umgeben. Statt Verkehrsgeräuschen hörte man nur Vogelgesang, Schafe, Kühe und einen entfernten Hahn. Gelegentlich trottete ein Pferd auf einem Reitweg vorbei. Es war ein kleinerer Zwinger, und die Mitarbeiter hatten Verständnis für die Nöte der Tierbesitzer und taten, was sie konnten, um den Tieren das Leben so angenehm wie möglich zu machen.

Wir veranlassten, dass Perth umgehend verlegt wurde, und innerhalb einer Woche brachte man sie eines Tages Ende November in einem Hochsicherheitswagen mit Gitterstäben am Rückfenster nach Elsted. Wir waren nicht da, als sie ankam, aber wir besuchten sie am nächsten Tag. Das Empfangsbüro war sauber und hell erleuchtet, und ein paar freundliche junge Frauen waren fröhlich bei der Arbeit. Eine von ihnen brachte uns zu Perths Käfig, den wir im anderen Zwinger nie sehen durften. Da war sie. Sie lag unter einer Wärmelampe auf einer Matte auf dem Boden, die sie gegen die Kälte des Betonbodens abschirmte. Der Käfig war geräumig, etwa viereinhalb Meter lang, aber schmal. Und, Luxus über Luxus, man hörte Hintergrundmusik. Außerdem gab es hier weniger Hunde und nur wenig Lärm. Drei Mal pro Tag wurde Perth zu einem Übungsplatz gebracht, wo sie frische Luft schnappen konnte. Sie sah müde, aber glücklicher aus.

»Perth, wir sind da«, rief ich, als ich sie in ihrem Käfig sah. Sie begrüßte uns mit einem Heulen. »Warte Hundchen, warte. Wir gehen hinaus in den Hof. Sie bringen dich dorthin.« Wir gingen rasch in den »Hof«. Es war ein eingezäunter, mit Rasen bewachsener Bereich, fünfmal größer als der gefängnisähnliche Hof, in dem wir so viele Stunden verbracht hatten. Durch den Zaun sah man die Hügel und Farne sowie Kaninchen und Vögel, die in den Sträuchern spielten, und, wenn man Glück hatte, gelegentlich ein Reh.

»Ich fühle mich wie in einem Garten«, sagte ich freudig zu Cindy.

»Es ist so viel besser hier und so nah bei uns. Wir könnten jeden Tag schnell hierher fahren, wenn wir Zeit haben!«

Perth wurde ein paar Minuten später zu uns gebracht, und wir verbrachten an diesem ersten Morgen in ihrem neuen Zuhause eine fröhliche, ausgelassene Zeit miteinander. Sie war außer sich und rannte hin und her. Sie wälzte sich ausgiebig im weichen Gras und rieb so den frischen Duft in ihr Fell, was bei ihr immer ein Zeichen höchster Freude war. Sie heulte die Kaninchen an und hielt ihre Nase schnuppernd in den Wind, der von den Downs herüberwehte.

Es war sehr kalt, daher blieben wir nur eine Stunde, aber wir waren lange genug da, um einen neuen Einfall zu haben. Als wir beim Käfig standen, um uns von Perth zu verabschieden, sagte ich: »Lass uns einen richtig bequemen, gepolsterten Sessel kaufen, in dem sie sich zusammenrollen kann. Du weißt schon, so einen mit breiten Armlehnen und einem dicken Kissen. Ich glaube, der Käfig ist breit genug, um einen hineinzuquetschen. Ich glaube, die hätten hier nichts dagegen. Jetzt kommen die kalten Monate.«

»Du bist ein Genie. Das ist eine tolle Idee. Es wäre ein wunderbares Weihnachtsgeschenk für sie. Was meinst du, Perth, hättest du gerne einen Sessel, so einen wie der, den du in Ohio zerlegt hast?«

Offensichtlich hatte bisher noch niemand so etwas vorgeschlagen, aber die Leiterin des Zwingers sah kein Problem darin, vorausgesetzt, wir konnten den Sessel in den Käfig quetschen. Wir fuhren geradewegs zu einem Secondhand-Möbelladen im nahe gelegenen Petworth und kauften dort einen Sessel. Mit Ach und Krach konnten wir ihn genau unter die Wärmelampe im Käfig schieben. Perth sprang sofort hinauf und rollte sich gemütlich gegen eine Armlehne gedrückt auf dem weichen Kissen zusammen. Unter der wohltuenden Wärme der Lampe schloss sie ihre Augen. Es war der größte Komfort, den sie seit über drei Monaten genießen konnte.

Dieser Winter in Südengland gehörte zu den strengsten der letzten zehn Jahre. Der Boden gefror vor Weihnachten, und sogar Wanderer befanden, dass es für sie zu kalt war, durch die eisige Landschaft zu laufen. Im Zwinger gab es abgesehen von den Wärmelampen keine Heizung, und die kalten Böden setzten den Hunden arg zu. Perth hatte es gut. Wir brachten ihr ein paar Decken, die sie zusammen mit der Wärmelampe in ihrem Sessel gemütlich warm hielten. Der Sessel bekam später in dem Zwinger einen legendären Ruf. Viele Jahre später trafen wir zufällig eine junge Frau an einer amerikanischen Universität, die, lange nachdem Perth dort gewesen war, als Betreuerin in dem Zwinger gearbeitet hatte. Als wir den Sessel erwähnten, fiel ihr die Kinnlade runter, das Blut schoss ihr in die Wangen, und sie sah uns mit großen Augen an.

Der Sessel war immer noch da, erzählte sie uns und schnappte nach Luft. Er war von Generationen von Hunden in diesem Käfig benutzt worden. Da er so fest in den Käfig gequetscht war, hatte nie jemand versucht, ihn wieder herauszubekommen. Hunderte von Hunden waren dankbar darüber gewesen, sogar noch während der Zeit, als sie dort arbeitete. Es war Perths tröstendes Vermächtnis für unzählige Hunde in diesem Teil Südenglands.

Während der nächsten drei Monate besuchten wir Perth mehrere Male pro Woche. Sie hatte es warm, und wir fühlten uns so eng miteinander verbunden, wie es unter diesen Umständen möglich war. Aber insgeheim litten wir darunter, dass sie nicht dabei war, als wir mehr und mehr ins Dorfleben mit all seinen Annehmlichkeiten hineinwuchsen und die Wälder und Felder erkundeten. Fast seit dem Beginn unserer Ehe hatten wir alles mit ihr geteilt – außer England. Das Gras war den ganzen Winter über wunderbar grün gewesen, so wie es in England immer ist, aber jetzt wuchs es durch die steigenden Säfte wieder und duftete süß und üppig, während Perth in ihrem Käfig schmachtete. Schneeflocken waren gekommen und wieder verschwunden, ebenso wie die Krokusse und Schlüsselblumen. Jetzt traten die Osterglocken üppig in Erscheinung, und neugeborene Lämmer sprangen auf den Weiden herum. Häufig hielt Perth während unserer Besuche ihre Nase in die Luft und fing erregende Düfte der Erde ein, die urzeitliche Botschaften transportierten. Der Wind brachte auch Geräusche mit, die sie für sich übersetzte. Sie wusste, was da draußen in den Wäldern vor sich ging, auf den Pfaden in den Downs und an den Bächen, die von dort heruntergeflossen kamen. Die Natur erwachte. Nachts waren weniger vertraute

Geräusche zu hören. Sie klangen sehnsüchtig und aufregend. Aber sie konnte nichts anderes tun, als zu warten und sich Fantasien zu erträumen, die sich in ihrem Geist formten.

Dann war eines warmen Morgens im März der Tag des Triumphes gekommen. Perth hatte ihre Zeit abgesessen und sich ihre Freiheit verdient. Aufgeregt wachten wir an diesem Samstagmorgen um sechs Uhr auf. Es war viel zu früh, da der Zwinger erst um zehn Uhr öffnete, aber wir beschlossen hinzufahren und drei Stunden am Eingang zu warten. Wir gingen vor dem Eingang auf und ab und winkten den Betreuerinnen, mit denen wir mittlerweile gut befreundet waren, zu, als sie zur Arbeit kamen. Sie waren fast so aufgeregt wie wir.

»Heute ist Perths großer Tag«, rief eine, als sie hineinging. »Und auch eurer!«, fügte sie hinzu. Es dauerte immer noch über eine Stunde, bis sie öffneten, also wanderten wir auf einem Pfad in die Downs hinauf. Nachdem wir etwa hundert Meter höher gekommen waren, erreichten wir offenes Gelände oberhalb der Baumgrenze und konnten zum Dorf und dem Zwinger hinunterblicken. Die Mulden der bläulichen Hügel erstreckten sich nach Osten und Westen. Ich beschloss, Perth eine Botschaft von hier oben zu schicken. Mit meinem alten, gewohnten Ruf – den ich tausende Male in die Wildnis von Vermont hinausgeschleudert hatte, als ich sie suchte – schrie ich, so laut ich konnte, in Richtung des Zwingers: »Hier, Perth, wir kommen.« Nachdem ich ein paar Mal gerufen hatte, kam ihre Antwort in Form von rasch aufeinander folgendem heftigem Bellen und Heulen. »So ist es recht, mein Hundchen, wir kommen, wir kommen«, rief ich. Sie antwortete wieder. Ich glaube, sie wusste, dass ihre Zeit gekommen war. Wir machten uns rasch auf den Rückweg und erreichten den Zwinger, als er gerade geöffnet wurde.

Mit einer Betreuerin gingen wir schnell zum Käfig, um sie rauszulassen. »Perth, du bist draußen, du bist jetzt für immer bei uns«, stieß Cindy hervor. Perth war ruhig und verhielt sich vorbildlich, als befürchtete sie, dass sie wieder in den Käfig musste, wenn sie zu früh wild herumsprang. Wir unterschrieben einige Formulare im Büro, bedankten uns bei den Betreuerinnen, die alle zusammengekommen waren und Perth nacheinander zum Abschied in die Arme nahmen, und gingen natürlich *ohne* Leine zusammen mit Perth hinaus. Sie sprang ins Auto, und wir fuhren davon.

Nach eineinhalb Kilometern hielt ich auf dem Weg neben einer ausgedehnten Fläche wunderschönen Gemeindelands an, die mit Farnen, Stechginster, unzähligen Frühlingsblumen und Bäumen bewachsen war. Ich öffnete die Tür. Ich sagte nur: »Jetzt kannst du losrennen, Perth, na los!« Wir wussten, was sie tun würde. Sie sah uns kurz an und schon sprang sie aus dem Auto. Beinahe bevor sie die weiche grüne Wiese berührte, begannen ihre Beine schon vorwärtszujagen. Sie schoss über den federnden Boden, ohne eine bestimmte Richtung zu verfolgen. Sie ging völlig darin auf, ihre Beine zu strecken und ihr ganzes Wesen mit der Natur aufzuladen. Innerhalb von ein paar Sekunden war sie außer Sichtweite, aber ihr Bellen und Heulen beim Aufspüren paradiesischer neuer Düfte drang noch lange bis zu uns. Mit dem Wind konnte man sie in einigen Kilometern Entfernung noch hören. Die nächsten beiden Stunden saßen wir im Auto und hörten, wie sie in den Hügeln herumjagte, in den tiefen wieder aufgeforsteten Koniferenwäldern, in den dicken braunen Farnen, die ein System von Tümpeln im angrenzenden Gebiet des National Trust umgaben, der nationalen britischen Einrichtung für Naturschutz und Denkmalpflege. Sie schien überall zu sein. Dann hörten wir lange Zeit nichts mehr. Wir warteten.

»Sie ist endlich frei«, sagte Cindy. »Es ist das erste Mal, dass sie frei in England herumläuft. Es muss für sie wie ein Zauberland sein.«

»Jetzt fängt das Leben in England für uns alle an.« Ich sah auf meine Uhr. »Vorausgesetzt, sie kommt irgendwann zurück.« Perth war sieben Jahre alt und in der Blüte ihres Lebens. Ich spürte, dass ich sie kannte, wie sonst niemand seinen

Hund kennt. Sie musste sich reinigen, den sechs Monate alten Zwingergeruch abschütteln. Was sie da draußen auch tun mochte, es war ihre eigene instinktive Form der Zwiesprache mit den Geistern und dem Wesen des Landes. Es war ihre Taufe. Unsere Aufgabe bestand darin, ihr zu vertrauen und zu warten.

Stundenlang war nichts von ihr zu hören oder zu sehen. Wir waren selbst spazieren gegangen und hatten ein Nickerchen auf Gras und Farnen gemacht. Der Nachmittag verstrich, und wir wollten so langsam zum Essen nach Hause fahren. Es wurde bereits dunkel. Immer noch warteten wir. Gegen fünf Uhr sah ich aus dem Fenster, und da war sie plötzlich. Zuerst sagte ich nichts. Ich hatte sie noch nie so erschöpft gesehen. Sie war über und über mit Schlamm bedeckt, von Dornen und Gestrüpp zerkratzt, und ihr Fell hing voller Kletten. Sie konnte sich kaum noch auf den Beinen halten, aber ihre Augen blickten mich mit einem Ausdruck tiefster Zufriedenheit an, den wir seit der Zeit in Cazenovia nicht mehr bei ihr gesehen hatten.

»Braver Hund« war alles, was Cindy sagte, als ich die Tür öffnete und Perth müde auf ihren Schoß sprang. Durch die grüne Dämmerung fuhren wir zurück nach Bury.

Kapitel 14

Es verging nicht viel Zeit, bis die Bewohner von Bury bemerkten, dass in ihrem Ort etwas Neues dazugekommen war, und sie waren sich nicht sicher, ob ihnen das gefiel. Wie in Cazenovia brachten wir es auch hier nicht übers Herz, Perth aus irgendeinem Grund, zu irgendeinem Zeitpunkt anzubinden. Wir hatten zwar Bedenken, dass es sich negativ auf unsere neuen Freundschaften auswirken könnte, aber wir hatten keine andere Wahl. Es wäre ein Vertrauensbruch gegenüber Perth, wenn wir sie festbanden. Wir würden damit den Schwur brechen, den wir uns an dem Tag, an dem wir sie kauften, gegenseitig geschworen hatten. Aber vor allem würden wir sie dadurch zwingen, ein anderer Hund zu werden. Und was für eine Belohnung wäre das für sie, nach sechs Monaten hinter Gittern? Ein Teil der Freude, nach England zu ziehen, war der Gedanke, dass sie überall frei herumlaufen konnte. Hier waren wir nun in Bury, umgeben von Feldern, Hecken und Hügeln, in denen es vor Tieren nur so wimmelte, da musste es ihr doch gestattet sein, alles zu erkunden. Aber die meisten Dorfbewohner hatten ihre Hunde ständig unter Kontrolle. Man sah Hunde nur selten frei herumlaufen. Eigentlich sah man Hunde nur, wenn ihre Besitzer mit ihnen auf den Wegen und Pfaden spazieren gingen. Wir mussten abwarten, was geschehen würde.

An dem Sonntagmorgen, nachdem wir Perth mit nach Hause genommen hatten, fuhren wir zum Bignor Hill hinauf, der sich in den kalkigen Downs befand. Wir überwanden einen Höhenunterschied von an die zweihundert Metern. Man fährt durch mehrere winzige Dörfer und Weiler hindurch, biegt in Bignor beim römischen Landhaus links ab und folgt dann einer steilen Kiesstraße. Als wir höher kamen, streckte Perth ihren Hals weit aus dem Fenster und versuchte intensiv, Düfte und andere Botschaften aus den Wäldern durch ihre zuckende Nase strömen zu lassen. Sie begann, heftig und außer sich zu schnaufen. Es erinnerte mich an jenen schicksalhaften Tag, an dem wir ihre Augen auf dem Weg zum Agnes Roy Camp in Vermont verbanden. Heute war ein strahlenderer, glücklicherer Tag. Wir waren alle zusammen, und das würde auch so bleiben. Mit großen Augen blickte sie unruhig hin und her. Wir mussten zusehen, dass sie nicht hinaussprang.

Auf halbem Weg nach oben ließen wir sie raus, und sie verschwand sofort im Dickicht. Kurz darauf wurde die Stille von Hufgetrappel und Perths Heulen unterbrochen. Plötzlich schoss ein Reh über den Weg, gefolgt von einem Kaninchen und dann Perth, die beiden hinterherjagte. Sie verschwanden so schnell, wie sie gekommen waren. Anstatt auf sie zu warten, fuhren wir bis zur Spitze des Hügels, parkten dort und liefen ein paar Kilometer auf einem Abschnitt der römischen Straße entlang, die von Chichester nach London führt. Perth war nirgendwo zu sehen, als wir zum Auto zurückkamen, also fuhren wir langsam den Hügel hinunter und riefen nach ihr, so wie wir es üblicherweise taten. Auf halbem Weg nach unten sprang sie vor uns über die Straße, gefolgt von wahrscheinlich dem gleichen Kaninchen und dann dem wahrscheinlich gleichen Reh, das beide verfolgte.

Ein paar Minuten später stieß sie am Fuß des Hügels zu uns. »Was hatte denn das zu bedeuten, du Hund, du?«, fragte ich sie. Sie sah mich an, als müsste ich es wissen. Es blieb uns für immer ein Rätsel, aber es schien ein angemessen exzentrischer und symbolischer Beginn ihres Lebens in England zu sein. Wer wusste schon, was in dem dichten Dickicht dieser Hügel vor sich ging, wo sie in den kommenden Jahren andere Tiere aufstöbern und jagen würde? Wir begannen Hunderte von Spaziergängen mit ihr, die wir nie gemeinsam beendeten. Sie hatte hier oben ihr eigenes Leben. Sie konnte problemlos hundertfünfzig Kilometer an einem Wochenende zurücklegen. Soweit wir wussten, fing sie nie ein Kaninchen und tat auch keinem anderen Tier etwas zuleide. Entdeckte sie etwa mysteriöse, magische Orte, an denen sich Tiere als Gleichgestellte treffen und sich nicht gegenseitig jagen oder voreinander verstecken? Waren es diese Orte, die sie stundenlang wie vom Erdboden verschluckt verschwinden ließen? Eins war jedenfalls sicher: Perth hatte ihren Garten Eden gefunden. Das Leben konnte nicht schöner sein.

Wie sich herausstellte, machten sich die Dorfbewohner nicht so viele Gedanken über Perth, wie wir befürchtet hatten. Sie trabte munter durch ihre Gärten, verunreinigte sie aber nicht und zerstörte auch sonst nichts. Gelegentlich rannte sie quer durch einen Garten heulend einem Kaninchen hinterher, aber Gärtner sehen es in der Regel gerne, wenn die Kaninchen aus ihren Gärten vertrieben werden. Außerdem bevorzugte Perth es meistens, auf offenen Feldern und Weiden unterwegs zu sein. Manchmal war sie den ganzen Tag lang fort. An anderen Tagen war sie dagegen damit zufrieden, einfach in unserem Garten zu bleiben und sich auf dem Rasen ausgestreckt zu sonnen. Sie hatte keinen schlechten Ruf in Bury. Die Menschen akzeptierten sie. Sie gehörte einfach dazu, genauso wie die eigenwilligen Dorfgestalten, von denen es in Bury einige gab.

Das soll nicht heißen, dass es nicht gelegentlich zu Auseinandersetzungen kam. Einer der Teenager im Dorf, David Bream, der Sohn eines Schreiners, der wie seine Vorfahren seit Generationen sein ganzes Leben im Dorf verbracht hatte, gehörte zu den Bier trinkenden Rüpeln des Dorfpubs und war ebenso häufig betrunken wie nüchtern. Dieser David Bream befand sich eines Tages zufällig zur falschen Zeit am falschen Ort. Vielleicht war es auch Perth, die sich am falschen Ort befand. Er hatte etwas an sich – vielleicht war es sein aufbrausendes Wesen –, das sie wütend machte. Wenn sie ihn auf der

Straße sah, verwandelte sie sich plötzlich in einen wilden Hund und rannte mit einem Furcht erregenden Heulen und aufgestelltem Nackenfell auf ihn zu. Sie machte immer eineinhalb Meter vor ihm Halt, aber da hatte sie ihm bereits einen großen Schrecken eingejagt, und er war um einiges nüchterner geworden. Sie muss gedacht haben, dass er eine negative Ausstrahlung hatte. Niemand sonst provozierte sie so. Er hatte ihre Feindseligkeit nicht verdient, aber sie dachte anders darüber.

Normalerweise beschimpfte er sie in seinem regionalen Sussexdialekt und stolperte von dannen. Aber eines Sommermorgens, als ich im Vorgarten war und Unkraut jätete, während Perth sich mit halbgeschlossenen Augen in der Sonne aalte, ging er mürrisch an unserem Gartentor vorbei. Er war absolut nüchtern und nicht zu Scherzen aufgelegt. Er sah uns nicht, aber Perth erblickte ihn. Sie explodierte förmlich, heulte und sträubte ihr Nackenfell und stürmte auf ihn zu. Mein Herz blieb stehen. Ich hatte keine Zeit, sie zurückzurufen, abgesehen davon hätte es wahrscheinlich nichts genutzt. Sie blieb wie üblich kurz vor ihm stehen, machte aber weiterhin einen schrecklichen Radau.

Dieses Mal hatte er genug. Er hob einen Stein auf und warf ihn unter wüsten Beschimpfungen nach ihr. Er verfehlte sie, und sie gebärdete sich nur noch wilder.

»Du verdammter Köter, halt dein dreckiges Maul, sonst reiß ich dir den Kopf ab.« Er hob zwei weitere Steine auf, während Perth provozierend um ihn herumtanzte. Er warf beide nach ihr und verfehlte sie abermals. Das gab mir die Gelegenheit endlich zu handeln. Ich rief Perth scharf zurück, und sie ließ von ihm ab.

»Du böser Hund!«, schrie ich sie an. »Geh zurück in den Garten, wir sprechen uns noch.«

Aber ich hatte genug gesehen, um wütend zu sein. Ich hatte noch nie erlebt, dass jemand Perth mit Steinen bewarf. Es war, als hätte man auf mich gezielt. Wutentbrannt ging ich auf

David zu. Ich sah ihm böse in die Augen und fuhr ihn an: »Hast du den Verstand verloren? Du hättest sie umbringen können. An deiner Stelle würde ich es mir beim nächsten Mal gut überlegen, bevor du nochmal Steine nach meinem Hund wirfst!«

Er sah mich drohend an. Erst jetzt bemerkte ich, wie riesig er war. Wie ich später erfuhr, arbeitete er im Black Dog and Duck Pub als Rausschmeißer. Er hatte einen massigen Hals, und obwohl ich größer war, war er schwerer und hatte viele Muskeln. Ich spürte, dass Gefahr im Verzug war, und wich zurück. Er starrte mich ein paar Sekunden lang finster an, dann wandte er sich ab und ging die Straße hinunter.

Ein paar Sekunden später drehte er sich plötzlich um und rief: »Sie sollten Ihren verdammten Hund anbinden.« Er drohte mir mit der Faust und murmelte noch ein paar andere Dinge vor sich hin, die ich nicht verstand.

»Perth, so was darfst du hier nicht tun«, sagte ich in einem strengen Ton zu ihr, als ich wieder im Garten war, »nicht, wenn du glücklich und frei sein willst. Reiß dich zusammen und lass ihn in Ruhe.«

Sie sah mich geduckt an und befürchtete, dass ich sie schlagen würde. Wahrscheinlich hatte sie mich noch nie so wütend erlebt. Sie verstand meine Botschaft und belästigte David Bream nie wieder. Dieser Moment war eine wichtige Erfahrung in ihrem Leben. Danach bedrohte sie, soweit ich weiß, auf den Pfaden und in der Öffentlichkeit keinen Menschen mehr. Niemand hat sich je beschwert. Ich schrieb es ihrem Überlebensinstinkt zu. Sie wusste, wann sie sich aus der Gefahr zurückziehen musste. Wie bei der Linie an der Straße von Cazenovia, die sie zu ihrem eigenen Schutz nicht überqueren durfte, lernte sie bei dieser Auseinandersetzung auf unserer kleinen Straße in Bury, dass sie sich nicht unnötig in Gefahr begeben durfte. Es sei denn, sie fühlte sich eingesperrt oder wurde an etwas gehindert. Wenn das geschah, das sollten wir auf schmerzliche Weise noch erfahren, war sie unberechenbar.

Kapitel 15

David Bream war eigentlich kein schlechter Kerl, aber er war gewissermaßen das schwarze Schaf aus einer alten Familie in Bury, die sich, solange man sich erinnern konnte, schon immer am Rande der Gesellschaft bewegt hatte. Alle Dörfer haben solche Charaktere. Es sind Menschen, über die die übrigen Dorfbewohner klatschen und schlecht reden oder die gerne von der Geselligkeit der Dorfgeografie mit ihren Cottages, den Straßen, Grünflächen, Pubs und Geschäften ausgeschlossen werden. Es hat etwas Mittelalterliches, dass solche Menschen in der von einem halb bewussten Aberglauben geprägten Vorstellungswelt der Gesellschaft als Unruhestifter und Sündenböcke gesehen werden. So wie ich Bury erlebt habe, wurden solche Menschen nie bewusst ausgegrenzt, aber sie blieben am Rande der Gesellschaft. Und Perths feine Antennen nahmen den Groll gegen David Bream wahr.

Menschen wie David Bream sind in den englischen Dörfern vom Aussterben bedroht. Sie sind Opfer des Wohlstands, der Mobilität und Überbevölkerung. Da sich immer mehr reiche Städter ihr kleines Fleckchen ländlicher Idylle in den Dörfern kaufen und sich ein altes Cottage nach dem anderen unter den Nagel reißen und renovieren – wobei sie in den meisten Fällen nur an den Sommerwochenenden im Dorf wohnen –, überlagert eine fade Mittelklasse-Langeweile die Erinnerungen und Traditionen der alten einheimischen Familien, die es sich aufgrund steigender Steuern und anderer Kosten nicht mehr leisten können, weiterhin in ihren Häusern zu wohnen. Sie werden buchstäblich an den Rand ihres Dorfes verdrängt und landen beispielsweise in tristen Häusern des sozialen Wohnungsbaus, während Pendler und andere Leute, die keine Ahnung von der Geschichte des Dorfes haben, ihren Platz einnehmen. Die meisten Neuankömmlinge interessieren sich nicht die Bohne für die jahrhundertealte Geschichte der Dörfer. Da wir aus den USA kamen, war es gerade der alte Charakter von Bury und zahlreicher anderer ähnlicher Dörfer, der unsere Fantasie so immens inspirierte. Es war ein Schock für uns, als wir feststellten, dass es viele Menschen gibt, die einen Fleck wie Bury in erster Linie als Fluchtpunkt wollen, an dem sie sich von London erholen können. Oder aber sie wollen ein Grundstück als Investitionsobjekt oder um dort wie in einer Art Vorstadt zu leben. Sie können dort ihre feucht-fröhlichen Partys feiern, den traditionellen Dorfladen ignorieren, indem sie mit dem Auto zum nächsten Supermarkt fahren und sich für eine ganze Woche mit Lebensmitteln eindecken, und halten gerade noch die Gemeindekirche am Laufen, aber die meisten scheinen die wertvollen Traditionen, die in jeder Straße, jedem Cottage, jedem Feld und jedem Fluss greifbar werden, zu ignorieren.

Es ist daher nicht verwunderlich, dass die einheimischen Dorfbewohner häufig Komplexe hatten. Sie verloren ihre Welt. Man fand sie abends im Black Dog and Duck, wo sie sich abgesondert die Zeit mit Gesprächen vertrieben. Im Laufe der Jahre lernte ich David zu schätzen, und er schloss Perth schließlich in sein Herz.

Es gab andere Einheimische, die noch im Dorf wohnten, als wir unser Leben dort begannen, die aber mittlerweile gestorben oder fortgezogen sind. Als der Schriftsteller John Galsworthy in den zwanziger Jahren in Bury lebte und seine berühmten Bücher im obersten Stockwerk eines großen verwinkelten Landhauses neben dem Dorfladen schrieb, versammelte er ein Gefolge von Dienern, Gärtnern und Chauffeuren um sich, deren Familien zum größten Teil seit Generationen im Dorf lebten. Galsworthy war vierzig Jahre, bevor wir in

Bury ankamen, gestorben, aber seine ehemaligen Diener waren immer noch da und erinnerten sich bereitwillig an vergangene Zeiten.

Dann waren da noch die alten Kricketspieler des Dorfes, wie zum Beispiel Frank Barnett, der jahrzehntelang der Dorfpostbote gewesen war und die Post per Fahrrad ausgetragen hatte, wobei er viele Meilen durch die hügelige Landschaft zurückgelegt hatte. Er war ein großartiger Schlagmann und hätte für seine Grafschaft spielen können, wenn er genug Geld gehabt hätte. Er war einer der mürrischen Einheimischen, der nie ganz dazupasste, das war auch in früheren Zeiten schon so gewesen. Aber wir mochten ihn gerne, und er liebte Perth. Es machte ihm nie etwas aus, wenn sie in seinem großen Gemüsegarten herumschnupperte. Er war fünfundachtzig Jahre alt, als wir ihm zum ersten Mal begegneten. Seine Frau war schwer krank, und sie hatten keine Kinder. Er wohnte in einem der schönsten alten reetgedeckten Naturstein-Cottages gegenüber der Gemeindekirche. Es war siebenhundert Jahre alt. Frank Barnett war arm und ernährte sich in erster Linie von seinen zahlreichen Kartoffeln, dem Lauch und den Karotten, die er jeden Sommer anbaute.

Als seine Frau einige Monate, nachdem wir ihn kennen gelernt hatten, starb, erfuhr er von den Anwälten, dass sie im Laufe der letzten fünfzig Jahre heimlich große Geldsummen auf die hohe Kante gelegt und auf die Bank gebracht hatte. Auf einen Schlag war er reich. Mit seinem neuentdeckten Reichtum machte er als Erstes eine Reise nach Blackpool. Dann kaufte er sich einen Kühlschrank und eine Neonlampe für seine Küche. Den Rest des Geldes teilte er unter seinen Nichten und Neffen auf.

Offenbar vertraute Frank Barnett seiner Frau ebenfalls nicht ganz, denn jahrzehntelang hatte er selbst Hunderte von Goldmünzen im Gartenschuppen versteckt, die sich in kleinen Ledertäschchen befanden und in einem tadellosen Zustand waren. Viele von ihnen stammten aus dem späten neunzehnten Jahrhundert. Als Cindy, Perth und ich einen Tag nach dem Tod seiner Frau bei ihm in der schmuddeligen Küche saßen, zog er eins dieser Täschchen heraus und gab jedem von uns eine Münze. Perths haben wir immer noch. Sie ist ein Talisman.

Er streichelte Perth und sagte: »Dadurch wirste dich an mich erinnern. Die Frau konnte Hunde nich ausstehn. Hatte nie einen. Gib nich alles auf einmal aus.« Sie lehnte sich zärtlich gegen sein Bein.

Er starb im folgenden Jahr und wurde neben einer großen Eibe auf dem Friedhof gegenüber von seinem Haus beerdigt. Zu seinen Lebzeiten hatte ich ihn noch über die Geschichte von Bury interviewt und alles auf Tonbänder aufgenommen. Im Hintergrund hört man Perth laut heulen, während Frank mit heiserer, tonloser, fast unhörbarer Stimme spricht, so dass sie auf dem Band in ein zeitloses Phantom aus Bury verwandelt worden zu sein scheint, das sich mit Franks Chronik vermischt, ein geisterhaftes Heulen aus der Vergangenheit.

Zwei oder drei der alten Familien halten heute in Bury noch die Stellung, aber niemand schenkt ihnen große Beachtung. Sie sind ein Teil des bedrohten kollektiven Gedächtnisses des Dorfes. Allerdings, und das ist durchaus positiv, ist man mittlerweile intensiv bemüht, angesichts der rasend schnell verschwindenden Spuren der Geschichte, zu erhalten, was man von der Vergangenheit noch retten kann, bevor sie für immer verschwindet.

Kapitel 16

Unmerklich näherten Cindy und ich uns der Entscheidung an, den Rest unseres Lebens in England zu verbringen. Sie genoss die angenehmen Freizeitmöglichkeiten im ländlichen England und das Leben im Dorf, und Perth beanspruchte ein beständig größer werdendes Gebiet für sich. Perths Welt erstreckte sich mittlerweile vom Dorf über die Höhenzüge der Downs und unzählige Ländereien der Gemeinde, im vorgelagerten hügeligen Gebiet am Fuße der Downs, bis hin zu einigen Farmen und Dörfern. Sie ging, wo immer sie hinwollte, wann sie wollte, und kam oft völlig erledigt, zerzaust und zerkratzt zurück. Einmal kam sie mit einem stark angeschwollenen Bauch nach Hause, der bis auf den Boden hing. Eine Viper – die einzige giftige Schlange in England – hatte sie in einem der sandigen, mit Büschen bewachsenen Gebiete gebissen, aber für Perth war es nur eine kurze Störung. Die Schwellung verschwand innerhalb von ein paar Tagen wieder, und danach zog sie gleich wieder los. Der einzige Teil der Landschaft, der sie nicht reizte, war die Küstenebene südlich der Downs.

Im Frühling und Sommer unseres zweiten Jahres ereigneten sich zwei entscheidende Dinge, die Perth ebenso betrafen wie Cindy und mich. Cindy war schwanger und würde im August einen Sohn namens Andrew zur Welt bringen. Und deshalb entschlossen wir uns, aus unserem gemieteten Cottage in ein Haus am oberen Ende des Dorfes gegenüber dem Black Dog and Duck zu ziehen, in dem wir heute noch wohnen. Wir kauften das Cottage für einen Apfel und ein Ei, da man sehr viel Arbeit reinstecken musste, aber es war von Anfang an ein Traum und hatte in unserer Vorstellung beinahe etwas Mythisches an sich.

Man sagte uns, dass das Appletree Cottage vierhundert Jahre alt sei, aber es stellte sich heraus, dass es fast sechshundert Jahre alt war. Es war ursprünglich das Haus einer Bauernfamilie gewesen, das zum Bury Landgut aus dem elften Jahrhundert gehörte, welches sich beim Fluss befand. Es war aus dem weichen, honigfarbenen Sandstein erbaut, der sich in diesem Teil des Dorfes fünfundvierzig Zentimeter tief unter der Erde befindet. Ursprünglich war es ein mittelalterliches Haus, das aus einem einzigen großen Raum bestand, der mit rauen Sparren bedeckt war, auf denen eine dicke Reetschicht befestigt war. Die Bauern, die im fünfzehnten Jahrhundert darin lebten, zündeten ein Feuer in der Mitte des Raums an und ließen den Rauch zwischen den Sparren und durch die Wände entweichen. Es war ihr Herd. Sie kochten über dem Feuer und saßen mit ihren Kindern bis spätabends im Kreis drumherum, während die verlöschende Glut Schatten an die grobbehauenen, unverputzten Wände warf. Zum Schlafen legten sie sich neben dem Feuer auf den Lehmboden. Häufig teilten sie ihren Wohnraum mit verschiedenen Tieren, nicht nur mit so freundlichen Haustieren wie Perth, sondern mit Hühnern, Gänsen, Schafen und anderen Farmtieren. Es war ein raues Leben, das geprägt war von Dunkelheit, Kälte, Hunger und Gestank, und hatte nichts mit dem idyllischen ländlichen Dasein zu tun, das häufig in der englischen Literatur und Malerei dargestellt wird. Darüber hinaus war die Familie meistens bis auf die Knochen erschöpft.

Irgendwann im sechzehnten Jahrhundert wurde dann eine Holzbalkendecke in den Raum eingezogen, so dass oben zwei Schlafzimmer entstanden. Die mächtigen Balken stammen zweifellos von einem Schiffswrack. Zur selben Zeit wurde ein Kamin an einer Seite des Gebäudes gebaut und dazu eine Kaminecke im Erdgeschoss. Über dem offenen Kamin befindet sich ein weiterer riesiger, über zwei Meter langer Holzbalken. Große und kleine Nägel haben vor Hunderten von Jahren ihre Abdrücke in dem alten Holz hinterlassen, die immer noch sichtbar sind. Die Kaminecke ist so groß, dass zwei oder drei Menschen bequem kochen, Brot backen oder einfach darin sitzen können. Seitlich befindet sich ein mit Ziegelsteinen eingefasster Ofen, der in die dicken Wände versetzt ist. Im siebzehnten Jahrhundert wurde an einer Seite des Hauses angebaut, so dass ein zusätzliches Zimmer unten und eins oben hinzukam. Bis zum zwanzigsten Jahrhundert blieb das Cottage unverändert. Nach dem Zweiten Weltkrieg wurde ein gekachelter Flügel an der Rückseite angebaut, in dem sich eine Küche und ein Bad befanden.

Von der Straße aus gesehen, schien das Cottage mit seinen wunderschönen Steinmauern und der dicken Reetbedeckung uns anzuflehen, es zu kaufen. Wir ahnten nicht, was wir auf der Rückseite finden würden. Als wir am ersten Tag mit Mrs. Holmes über den Verkauf des Hauses sprechen wollten, verschlug es mir den Atem, als ich um das Cottage herumging und in den knapp einen halben Hektar großen Garten kam. Der Garten war zauberhaft, aber der Ausblick war fantastisch, geradezu poetisch. Hinter der sechzig Meter langen Hecke und den unzähligen Narzissen breitete sich am Rande des Gartens ein mit Weizen oder Gerste bestandenes Feld nach dem anderen aus. Sie wurden durch endlose Hecken zusammengehalten und fielen ost- und nordwärts leicht zum Fluss Arun ab. Jenseits des Flusses befanden sich wilde Feuchtgebiete, über denen die romantische, märchenhafte Burg Amberley Castle aus dem zwölften Jahrhundert thronte, die allem, was man in der Toskana finden kann, ebenbürtig ist. In größerer Entfernung waren die Downs und dichte Wälder zu sehen. Für Perth, Cindy und mich war es eine Offenbarung, als wir unseren Blick über die vielfältige Schönheit Hunderter von Hektaren schweifen ließen und das 180-Grad-Panorama genossen. Die ganze Erde schien vor uns zu liegen, ein Geschenk

Gottes. Es war, als wären wir aus dem Himmel heruntergefallen. Es war ein Ort der Ruhe und Erholung. Der Garten war unsere Terrasse, die Bühne, von der aus wir auf die Welt blickten. Es gab kein Zurück mehr.

Mein erster Gedanke war: »Perth kann durch das Loch in der Hecke hinausschlüpfen und ohne Unterbrechung dahinlaufen, es gibt keine Straßen, Autos, Häuser oder Menschen.« Es war wie ein riesiger gestalteter Garten, ein endloser Spielplatz aus Grün, Nebel und schimmerndem Wasser. Sie konnte in völliger Sicherheit kommen und gehen. Gerade als ich das dachte, drückte Perth sich durch die Hecke und lief zu den angrenzenden Feldern. Dann blieb sie stehen und blickte still zum Horizont, während sie die Aussicht und die Landschaft in sich aufnahm. Sie drehte sich zu uns um, so als wollte sie sagen: »Ihr müsst es kaufen. Ich möchte den Rest meines Lebens hier verbringen.« Dann legte sie sich, den Blick in die Ferne gerichtet, in der Sonne aufs Gras.

Wir gingen ins Cottage hinein, um mit Mrs. Holmes zu sprechen. Sie war fünfundachtzig Jahre alt, und im Haus stank es ekelhaft nach Fisch, den sie gerade für ihre Katze kochte. Die Teppiche waren abgenutzt, die Wände mussten neu verputzt werden, es war kalt und feucht, und die Küche war in einem erbärmlichen Zustand. Die Treppe zum Schlafzimmer im ersten Stock war wie eine Leiter. Das Cottage war in einem so traurigen Zustand, dass Tante Kath uns dringend riet, höherem Verlust vorzubeugen und es wieder zu verkaufen, als sie ein paar Wochen, nachdem wir das Haus gekauft hatten, aus Surrey kam, um es anzusehen. Das Bad war schäbig. Die krönenden Elemente waren eine alte ausgebleichte Badewanne und eine Toilette, die nicht für die menschliche Anatomie geschaffen zu sein schien. Man betätigte die Spülung mittels einer dieser alten Ketten, die von oben herabhängen.

Aber die alten Teile des Hauses waren unverdorben und unverändert, so wie vor Hunderten von Jahren. Es war wie eine Art Zeitreise. Seitdem das Cottage gebaut worden war, waren fast sechshundert Jahre menschlicher Geschichte vergangen. Shakespeare hatte seine Stücke geschrieben. Die italienische Renaissance war gekommen und wieder gegangen. Dschingis Khan und Peter der Große hatten ihre Reiche geschaffen und waren wieder in Vergessenheit geraten. Viele verheerende Kriege waren geführt worden, in denen Millionen abgeschlachtet worden waren. Aber innerhalb dieser dicken Steinmauern war fast nichts passiert. Lediglich einfache Menschen mit einfachen Lebensgeschichten hatten hier gelebt und waren hier gestorben. Niemand erzählte ihre Geschichten und niemand wird es je tun. Abgesehen von einem dicken Fleischerhaken in einem der Balken, zahlreichen Flecken im Holz und ein paar gebogenen Eisennägeln, an denen jahrhundertelang Kleider und andere Habseligkeiten gehangen hatten, gab es nichts, was uns von ihren Hoffnungen, Niederlagen, Siegen und Tragödien, ihrer Liebe und ihrem Hass erzählen konnte. Die schwach beleuchteten Räume waren, wie der Dichter Keats einmal gesagt hat, Zeugen »langsamer Zeit und Stille«. Nur der Geist der Bewohner war geblieben, und wir fragten uns, wie viele Gewalttaten hier wohl stattgefunden hatten; wie viele Liebende sich eng umschlungen hielten; wie viele Kinder von der unendlichen Welt außerhalb der trüben Fenster träumten, während sie auf dem Schoß der Alten saßen.

»Sie sind gerade noch rechtzeitig gekommen«, sagte Mrs. Holmes. »Ich wollte demnächst dem Schauspieler Richard Widmark schreiben und ihm das Appletree Cottage anbieten. Er will es seit Jahren haben, seitdem er hier einmal in einem Film mitgespielt hat. Aber wenn Sie es wollen, bekommen Sie es.« Sie hatte Gefallen an uns gefunden.

Sie nannte uns einen Preis, und wir sagten sofort zu. Zwei Monate später waren wir eingezogen. Sie selbst zog in die nahe gelegene Stadt Arundel. Wir begannen, die Wände zu verputzen und zu streichen, die Böden zu betonieren, Teppiche zu verlegen, eine neue Treppe einzubauen, die Rohre und die elektrischen Leitungen neu zu verlegen und die Heizung zu verbessern. Davon abgesehen taten wir nichts, was die Struktur und den Charakter des Hauses verändert hätte. Wir sahen uns als vorübergehende Betreuer in der langen Geschichte seines Lebens. Für uns wurde es ein Lebensstil. Jeder träumt von einem bestimmten Haus. Das Appletree Cottage war unser Wachtraum.

Darüber hinaus gab es ein gutes Omen. Das Cottage liegt am oberen Ende des Dorfes, und jahrhundertelang holten die Bewohner ihr Wasser aus einem vierundzwanzig Meter tiefen Brunnen, der sich genau auf der anderen Seite der Hecke befand, neben Bury Hollow, einer tief eingeschnittenen kleinen Straße, oberhalb derer das Cottage etwas gefährlich steht. Alle Dorfbewohner hatten das Recht, den Brunnen zu nutzen. Zu Beginn des zwanzigsten Jahrhunderts wurde er allerdings immer weniger genutzt, da die meisten Cottages an diesem Ende des Dorfes bereits mit Wasserleitungen ausgestattet waren. Das Wasser stand aber nach wie vor in einer Tiefe von vierundzwanzig Metern zwei Meter hoch im Brunnen und war so klar wie eh und je, so dass es auch damals noch das ganze Dorf hätte versorgen können. Aber es gab ein altes Statut, das Folgendes besagte: Wenn neunundzwanzig Jahre lang kein Dorfbewohner den Brunnen nutzte, konnte er in das Grundstück des nächstgelegenen Cottages integriert werden und würde ab dem Zeitpunkt zu diesem Grundstück gehören. Und genau das geschah. Das nächstgelegene Haus war das Appletree Cottage, und als wir es kauften, befand sich der Brunnen schon seit langem innerhalb der Hecke.

Das Problem war, dass die früheren Besitzer sich nicht um den Brunnen gekümmert hatten und die hölzerne Abdeckung verrottet war. Niemand hatte uns von dem Brunnen erzählt, und wir bemerkten ihn nicht einmal, als wir einzogen, da er von Pflanzen überwuchert war. Abgesehen von ein paar modrigen Brettern, die auf der ein Meter breiten Brunnenöffnung lagen, war auf dem Boden kaum etwas davon zu erkennen. Die Bretter würden dem Gewicht eines Hundes nicht standhalten, und erst recht keinem Menschen, der das Pech hatte, inmitten der Pflanzen zufällig draufzutreten.

Vom ersten Moment unseres Einzugs hatte Perth natürlich neugierig alles erkundet. Sie musste daher bereits ein paar Mal auf die morschen Bretter gestiegen sein. Nichts passierte, aber früher oder später wäre sie hineingefallen und ertrunken, wenn sich nicht ein zurückhaltender Farmer, der wie bereits Generationen seiner Familie in dem Dorf aufgewachsen war und ein Stückchen weiter an derselben Straße wohnte, mitten in der Nacht heimlich in den Vorgarten geschlichen hätte. Ohne uns etwas davon zu sagen, ersetzte er das morsche Holz durch eine dicke, stabile Eichenplatte. Auf seiner Farm befindet sich ebenfalls ein tiefer Brunnen, und später erfuhren wir, dass sein Sohn zehn Jahre zuvor hineingefallen und dabei umgekommen war. Als er hörte, dass eine neue Familie einzog, nahm er es auf sich, unseren Brunnen sofort abzudecken. Darüber hinaus beseitigte er den Bewuchs, so dass der Brunnen gut sichtbar wurde. Wir sahen den Brunnen am nächsten Morgen und wussten, dass ein guter Geist aus dem Dorf das getan hatte. Der Farmer, der später ein guter Freund von uns wurde, dachte an die Kinder, die wir möglicherweise hatten, nicht an Perth. Aber auf diese Weise rettete er sie, da sie sonst sicherlich innerhalb von ein oder zwei Tagen unbemerkt und unentdeckt in den Tod gestürzt wäre. Ich hatte ihr nie beigebracht, tiefen Brunnen fernzubleiben.

Als im Juni die Handwerker das Haus herrichteten, entschlossen wir uns, einen Urlaub im schottischen Hochland einzuschieben. Es sollte ein nostalgisches Wiedersehen mit dem Land sein, das Perth ihren Namen gab. Wir hatten noch Zeit vor der Geburt unseres Babys. Wir fuhren ins westliche Hochland hinauf und wohnten in einer Jugendherberge am Fluss Dee mitten in den Grampian Mountains. Es war ein Steinhaus mit nur einem Raum und einem Schieferdach. Eine einsamere Herberge kann man sich kaum vorstellen. Wir begegneten niemandem. Es gab keinen Strom, daher mussten wir über einem offenen Feuer kochen, und nachts zündeten wir Kerzen an. Im Haus gab es auch keine Toilette. Die Betten bestanden aus dünnen Matratzen auf dem Dachboden, den man über eine Leiter erreichte. Da Perth darauf bestand, bei uns zu schlafen, musste ich sie die Leiter hinauftragen. Da waren wir nun, neben einem rauschenden Fluss mit kristallklarem Wasser, umgeben von felsigen, grünen Bergen, und hörten keine menschlichen Stimmen, außer unseren eigenen. Wir wollten ursprünglich eine Woche bleiben, aber das Wetter war traumhaft, daher verlängerten wir auf zwei Wochen. Der Fluss Dee kommt hoch aus den Grampians und fließt zügig in einer Abfolge von Stromschnellen, Gumpen und Bögen durch üppige Weiden und dichte Wälder Richtung Osten. Überall waren Schafe. Bei der Jugendherberge war der Fluss flach und eiskalt. Aber in der Sonne überredeten wir uns hineinzuspringen. Das Wasser schoss über die Felsen dahin und Perth paddelte heftig gegen die Strömung an. Sie kletterte auf Felsvorsprünge und stellte sich so hin, dass das Wasser ihr mit einem lauten Schwall auf Kopf und Rücken platschte. Wir drei machten lange, einsame Wanderungen in den Wäldern und an den Berghängen entlang, durch die wildeste mit Stechginster und Heide bewachsene Landschaft, die ich je in Großbritannien gesehen hatte. Aber es gab Tage, an denen Perth ganz alleine unterwegs war. Wir wussten nie, wo sie war. Nur einmal begegneten wir ihr auf einer unserer Wanderungen zufällig in der Nähe eines Berggipfels. Sie roch sauber und rein. Ihre Augen waren so klar wie der Himmel. Nachts lag sie vor lauter Müdigkeit bewegungslos da, und im Schlaf rollten ihre Augen hin und her, und ihre Muskeln zuckten.

Wir alle wussten, dass diese Tage wertvoll waren, es war ein letztes Abenteuer, bei dem wir drei alleine waren. Bald würden wir zu viert sein, und Perth spürte das. Manchmal schien sie zu schmollen. Dann ließ sie ihre Ohren tief hängen und sah uns leidend an. Sie lebte wieder auf, wenn sie unterwegs war, aber in unserer Nähe sah sie immer so aus, als versuche sie zu verstehen, was anders war. Vielleicht lag es an unseren Gesprächen, denn wir unterhielten uns ständig in einem Ton und einer Art und Weise über das Baby, die ihr möglicherweise fremd waren. Ich glaube, dass wir seltener mit ihr und dafür häufiger miteinander sprachen. Sie fühlte sich etwas vernachlässigt, an den Rand gedrängt. Aufmerksame Hunde, die eine starke geistige Verbindung mit ihren Herrchen und Frauchen haben, können kleinste Veränderungen wahrnehmen. Meistens hatte Perth es gespürt, wenn ich mir Sorgen machte, wenn ich Angst hatte, unglücklich oder zornig war, selbst wenn ich nichts sagte. In solchen Momenten konnte sie einem wie eine Partnerin oder Schwester Trost spenden. Jetzt aber waren die Veränderungen, die in der Luft lagen, grundlegender und weit reichender, und sie wusste das.

Befürchtete sie, dass wir sie wieder monatelang allein lassen und sie wieder in einem Zwinger unterbringen würden? Kam sie auf den Gedanken wegzulaufen, wenn sich eine günstige Gelegenheit dazu ergab? Das schottische Hochland lag zu ihren Füßen. Sie konnte sich davonmachen und musste dann nie mehr befürchten, von Zwingerwänden und -käfigen eingeengt zu werden. Sie hatte genug davon. Aber wie konnte sie uns, die sie liebte, verlassen? Sie war unsere Seelenschwester. Beim Geräusch des tosenden Wassers, das die Nächte erfüllte, schmiegte sie sich fester an uns als sonst.

Kapitel 17

Als Andrew im August geboren wurde, wusste Perth endlich, was sie beunruhigt hatte. Bis dahin war beim Appletree Cottage alles perfekt für sie gewesen. Die sonnigen Tage, das friedliche Dorf, der angenehme Garten, das geheimnisvolle Cottage und die verlockende bezaubernde Landschaft jenseits der Hecke stellten sie in höchstem Maße zufrieden. Wir drei hatten uns schnell an diesen wunderbarsten aller Lebensstile gewöhnt; es war idyllisch. Während Perth loszog, um den Morgen mit Rennen und Suchen zu verbringen, entwickelten Cindy und ich einen Tagesablauf, den wir künftig Jahr für Jahr wiederholen würden: morgens lasen und schrieben wir, dann aßen wir Käse, Sommersalate und Früchte zu Mittag, machten Nachmittagsspaziergänge auf den Downs oder am Fluss entlang und tranken dann Tee auf dem welligen, glatt rasierten Rasen; später gab es Abendessen, danach lasen wir wieder und dann gingen wir ins Bett und ließen die Flügeltüren unseres Schlafzimmers weit geöffnet, um die Geräusche und Düfte, die uns umgaben, hereinzulassen und auf die verschwommene Landschaft im Zwielicht blicken zu können. Perth war morgens unterwegs, aber nach dem Mittagessen blieb sie für den Rest des Tages bei uns. Die ländliche und häusliche Stabilität unseres Lebens war wertvoll.

Dann hatte das alles ein Ende. Die Ankunft des Babys verlief nicht ruhig. Es ließ uns von Anfang an spüren, dass es da war, und es warf uns alle aus dem Gleichgewicht, besonders Perth, die es anfangs als seltsam aussehenden Eindringling erachtete. Das Baby sah aber auch unmöglich aus, es hatte kaum Haare und ein überaus rundes Gesicht. Einige Wochen lang weigerte es sich, friedlich zu schlafen. Perth schlief bei uns, neben dem Zimmer von Andrew, daher bekam sie sein Geschrei zu ihrem Leidwesen ordentlich zu hören. Sie flüchtete sich in die dunkle, gedämpfte Zone unter der Bettdecke, um den Weinkrämpfen des Babys zu entgehen. Dort wartete sie, bis der Ausnahmezustand vorüber war. Nach ein paar Wochen wurde sie mit den Unterbrechungen besser fertig, aber sie mochte es nicht, dass wir so oft aus dem Bett mussten. Wir waren auch nicht gerade begeistert darüber, aber alles, was wir tun konnten, war, zu warten und zu hoffen, dass Andrew bald seinen eigenen friedlichen Rhythmus finden würde und dieser mit unserem in Einklang zu bringen war.

Auch tagsüber war alles auf den Kopf gestellt. Abgesehen von unseren Mahlzeiten geschah kaum etwas in der Weise und zu der Zeit wie bisher. Ständig war man geschäftig zugange, man kümmerte sich um diesen oder jenen Notfall, besorgte etwas für das Baby, wickelte und fütterte das Baby, ging mit dem Baby spazieren, hielt das Baby. Wenn wir es uns gerade im Garten bequem gemacht hatten, um mit einem Buch und einer Tasse Tee zu entspannen, schrie Andrew und tat damit kund, dass er etwas brauchte.

Perth hatte so etwas in unserer Familie noch nie erlebt. Morgens flüchtete sie durch die Hecke und war stundenlang verschwunden. Meistens ging sie zuerst zum Fluss. An den grünen üppigen Ufern gab es im Spätsommer und Frühherbst zahlreiche Enten, Gänse, Schwäne und viele Nager und Kaninchen, die ihr Interesse weckten. Sie arbeitete sich kilometerweit flussauf- und flussabwärts und schnupperte in unzählige geheimnisvolle Löcher hinein. Tief unten am Boden der Löcher befanden sich emsige kleine »Haushalte« von Tieren wie in dem Buch *Der Wind in den Weiden* und ließen sich durch sie nicht im Mindesten aus der Ruhe bringen. Aber sie konnte die warmen, pelzigen Tiere dort unten riechen und so ging sie von einem Loch zum nächsten, in der Hoffnung, eines Tages zu erkennen, woher diese verlockenden Düfte stammten. Dann lief sie weiter zu den Hügeln. Manchmal kam sie erst am späten Nachmittag wieder, manchmal auch erst abends, verdreckt, keuchend und durstig.

In diesen frühen Wochen nach Andrews Ankunft gab es etwas, das uns besondere Sorgen machte. Wenn wir ihn auf den weichen Rasen legten oder auf den Teppich im Wohnzimmer und Perth auch da war, wie würde sie dann wohl mit ihm umgehen? Wir wussten, dass sie ihn niemals ablecken würde. Sie würde ihn bestimmt beschnuppern. Aber Babys strampeln plötzlich und rudern heftig mit ihren Armen und sie krabbeln herum. Was wäre, wenn Perth tief und fest auf dem Rasen schlief, Andrew leise zu ihr krabbelte und, wie es Babys manchmal tun, mit seinem Kopf heftig gegen ihren stieß? Würde sie einfach aufstehen und weggehen, oder würde sie tun, was sie früher bei anderen Plagegeistern getan hatte, nämlich nach ihm schnappen?

Ich sprach mit ihr darüber. Ich lag auf dem Rasen neben ihr und bat sie inständig darum einzusehen, dass Andrew klein und hilflos war und dass er ein toller Freund und Begleiter für sie sein würde, wenn er älter wurde. Sie musste Geduld haben. Alles würde besser werden.

»Was du auch tust, Hundchen«, flüsterte ich in ihr Ohr, »schnapp nicht nach ihm, und schon gar nicht nach seinem Gesicht. Wenn du das tust, könnte es für den Rest seines Lebens eine Narbe in seinem Gesicht hinterlassen. Ich weiß, dass es schwer sein wird, wenn er über dich drüberkrabbelt und dich betatscht. Aber geh dann einfach weg und lass ihn in Ruhe. Bitte, Perth, werd nicht böse und ungeduldig mit ihm.« Sie war schön wie eh und je, als sie dort auf dem Rasen lag. Und stark. Wir konnten nur hoffen, dass das Vertrauen, das wir in sie hatten und dessen sie sich bewusst war, ausreichte, um Andrew zu beschützen. Eins wussten wir sicher: Wir würden sie nie trennen. Sie mussten lernen, miteinander zu leben. Wir lagen häufig auf dem Bett oder dem Rasen und hatten

Perth zwischen Andrew und uns. Wir knuddelten beide, damit sie sich nie vernachlässigt fühlte.

Andrew betatschte sie viele Male heftig, und wenn wir es sahen, blieb unser Herz für ein paar Sekunden stehen. Meistens ignorierte Perth ihn einfach. Sie hatte den Eindringling widerwillig akzeptiert, aber das war auch schon alles.

Drei oder vier Wochen nach Andrews Geburt taten wir etwas, das Perths Verhalten ihm gegenüber veränderte. Mit Andrew in einem Tragegestell auf meinem Rücken wanderten wir alle zusammen in die Downs. Wir wollten die Landschaft so früh wie möglich in seine Vorstellungswelt hineinlassen. Vielleicht würde er dann auf eine mystische Weise mit der Natur verbunden sein. Er würde einer ihrer Schüler sein, mutig und mit einem freien Geist. Einige werden nun denken, dass das Unsinn ist, nichts als die eitlen Gedanken stolzer Eltern, die, was ihr Kind betrifft, größenwahnsinnig sind. Andere werden der Ansicht sein, dass es viel zu früh und riskant war, ein Kind in dem Alter mit auf eine kilometerlange Wanderung in die windigen Berge zu nehmen. Aber Andrew liebte es und weinte kein einziges Mal. Perth blieb die ganze Zeit bei uns, was völlig untypisch für sie war. Auf dem Weg geschah etwas, das ihr Gefühl dem Baby gegenüber veränderte. Ich glaube, es lag daran, dass Andrew nun in ihrer Welt war. Sie sah, wie er mit großen Augen und rosigem Gesicht auf die Landschaft dreihundert Meter weiter unten blickte. Sie sah ihn anders, er war nicht mehr Teil der klaustrophobischen Babywelt, zu der das Appletree Cottage für sie geworden war. Er war befreit worden. Nebenbei sei erwähnt, dass Andrew es, als er älter wurde, liebte, in den Downs unterwegs zu sein. Einige Male wanderte er sie auf ihrer ganzen Länge von hundertdreißig Kilometern ab. Und sobald er alt genug war, verbrachten Perth und er viele Stunden auf einsamen Erkundungstouren dort, Jahr für Jahr.

Ab diesem Tag liebte sie ihn. Es war für sie, als ob er echt geworden war. Sie blieb bei ihm im Garten, erlaubte ihm, auf sie hinaufzuklettern, und spielte mit ihm. Wenn wir ihn auf Spaziergänge zum Fluss mitnahmen, legte sie sich neben seine Tragetasche, neben dem funkelnden Wasser, während Cindy und ich am Fluss entlangschlenderten. Häufig kletterte sie zu ihm in einen Sessel und schlief an seiner Seite. Wenn wir zusammen auf dem Sofa saßen, sprang sie hinauf und nahm ihren Platz zwischen uns und ihm ein. Sie biss ihn nie.

Nachdem sie sich so vollständig und schnell auf ihn eingestellt hatte, bereitete es ihr auch keine Probleme, Andrews Schwester Claire willkommen zu heißen, als diese drei Jahre später geboren wurde. Perth machte sogar noch einen weiteren Besuch im Krankenhaus, als Cindy mit Claire noch im Entbindungsheim im nahegelegenen Rustington an der Küste von Sussex war. Ich hatte mich gerade von Cindy verabschiedet und spazierte mit Perth am Kiesstrand entlang, bevor ich nach Hause fuhr. Ich achtete nicht darauf, als Perth zum Krankenhaus zurücklief. Offensichtlich marschierte sie durch die Eingangstür, bog links in den richtigen Gang ab, wobei ihre Pfoten rhythmisch auf dem Boden klapperten, und fand mühelos Cindys Zimmer. Cindy stillte Claire gerade, also sprang Perth auf ihr Bett. Aufgrund ihrer vergangenen Erfahrung im Krankenhaus nahm Cindy es gelassen. Die Krankenschwestern waren gar nicht erbaut, als sie Perth sahen, aber es war alles so, wie es sein sollte.

Claire schloss Perth auf ebenso selbstverständliche Weise in ihr Herz wie Andrew. Bevor sie laufen konnte, fanden wir sie oft in Perths Körbchen in der Küche, so dass häufig der berauschende Groggy-Hunde-Duft an ihr haftete. Sobald sie laufen konnte, kletterte sie auf Perths Rücken, um im Garten auf ihr zu reiten. Ohne zu klagen, ächzte Perth unter dem Gewicht. Wenn sie müde vom Spielen waren, legten sie sich zusammen unter unserem alten Apfelbaum auf einer alten Decke ins Gras, die ich noch aus meiner Kindheit im St. Georges College in Argentinien hatte. Claire war in die Gemeinschaft aufgenommen.

Kapitel 18

Manchmal frage ich mich, ob Perth sich je an die Jahre der Entwurzelung in Amerika und die bitteren Monate in Quarantäne zurückerinnerte, ob jemals Bilder vor ihrem inneren geistigen Auge auftauchten, von ihrer unbeschwerten Zeit in Cazenovia, wie sie sich gegen Frederick, den Bernhardiner, knallen ließ, wie ich sie im Agnes Roy Camp behandelt hatte, wie sie wie eine Kriminelle in der dunklen Scheune angekettet und danach allein und verloren in Vermont herumgelaufen war, wie sie durch das Dickicht neben der Brandung in Florida gestromert war oder wie sie im Müll von Ohio herumgestöbert hatte oder aber wie sie darunter gelitten hatte, dass wir sie abermals im Sommer wegen einer Englandreise verlassen hatten. Hier sei nur gesagt, dass die Jahre im Appletree Cottage bei unserer wachsenden Familie für sie so sicher waren und mit einer solchen Regelmäßigkeit vergingen, wie es auf der anderen Seite des Ozeans nie der Fall gewesen war.

Perth wurde älter, ohne schmerzvolle Trennungen von ihrer Familie ertragen zu müssen, die sie in Amerika erlebt hatte. Im Laufe der Jahre wurde ihre Liebe zu Andrew und Claire immer stärker, und die Beziehung veränderte sich, als sie sich veränderten. Wir gehörten alle zu einem Team, das sich ständig veränderte, und Perth war immer im Mittelpunkt. Für Cindy und mich war sie die lebende Verbindung zwischen den frühen Jahren unserer Ehe in Amerika, ohne Kinder, und unserer englischen Inkarnation im Appletree Cottage, mit Familie und einem viel erfüllteren Leben. Jahrelang sah Perth, wie Cindy regelmäßig in den Zug nach London stieg, wo sie ein Aufbaustudium machte. Und sie war Zeugin unserer Begeisterung, als ein paar Bücher von mir veröffentlicht wurden. Eigentlich half sie mir ja, sie überhaupt zu schreiben. Ich verbrachte viele Stunden damit, ihr von meinen Ideen zu erzählen. Sie hörte mir aufmerksam zu, unterbrach mich nicht und gab mir das tröstende Gefühl, dass, egal, was meine Leser von meinen Büchern halten würden, zumindest sie hinter mir stehen würde. Als ich einmal eine unschöne Rezension über eins meiner Bücher in der Zeitung las, war sie es, der ich mich in meiner Verzweiflung anvertraute und die mich wieder aufbaute. Sie war einfach da.

So war es immer mit ihr gewesen, aber mittlerweile war sie in einer Lebensphase, in der sie nicht nur eine erstaunliche Läuferin und unermüdliche Abenteurerin an der freien Luft war, ein heller Geist, der Dummheit nicht ertragen konnte, sondern auch eine ruhigere und sanftere, anteilnehmende Gefährtin. Wir alle brauchten sie. Sogar das Dorf hatte sie als eine muntere Persönlichkeit des Ortes akzeptiert. Sie war zu einer Art Dorflegende geworden.

Die alte Perth blühte allerdings immer wieder auf. Sie liebäugelte häufig mit der Gefahr, fast als ob sie ihre eigene Unbesiegbarkeit testen wollte. Als wir zum Beispiel eines Oktobertages auf einem Küstenpfad an den Klippen von Dorset entlanggingen, hätte die damals vierzehnjährige Perth in Stücke zerfetzt werden können. Die britische Army testete seit vielen Jahren Landminen auf großen Wiesen oberhalb des Meers. Sie waren eingezäunt und steckten voller Minen. Wir fünf spazierten an diesem Oktobermorgen fröhlich dahin und genossen den Anblick des Meers und der Klippen, als wir plötzlich ein Schild entdeckten, auf dem stand: »Vorsicht Landminen!« Genau in diesem Moment entschloss sich Perth, vom Weg abzubiegen. Sie lief auf den Zaun zu, fand ein Loch darin und war in null Komma nichts zwischen den Minen. Die Wiese war üppig bewachsen, trügerisch. Unter dem verlockenden Grün lauerte der Tod. Perth machte es Spaß; wir waren in heller

Panik. Hilflos starrten wir sie an. Claire war erst drei Jahre alt und ahnte nichts von der Gefahr. Aber Andrew wusste Bescheid. Er wurde bleich.

Wie konnte ich sie warnen? Wenn ich wild nach ihr rief und mit den Armen winkte, könnte ich sie dazu verleiten, kreuz und quer zu laufen, was ihren sicheren Tod bedeuten würde. In einem ruhigen und sehr bestimmten Ton rief ich: »Bleib, Perth, bleib!« Ich wiederholte es. Sie blieb stehen und sah uns an. Sie war etwa dreißig Meter entfernt. »Braver Hund, bleib!« Sie bewegte sich nicht.

Ich erinnerte mich daran, wie ich auf der East Lake Road in Cazenovia mit ihr geübt hatte. Würde sie mir jetzt gehorchen? Ich rief mit großem Ernst, damit sie ja nicht dachte, dass ich Spaß machte: »Komm HIERHER, Hundchen, HIER, HIER!« Ich musste sie dazu bringen, auf kürzestem Weg zu uns zurückzukommen. Wenn sie auf einer geraden Linie blieb, war es unwahrscheinlicher, dass sie auf eine Mine trat. Ich hielt meine Hand hoch und zeigte mit dem Finger vor mir auf den Boden. »HIER«, wiederholte ich. Ich sah sie eindringlich an. Andrew legte die Hände auf seine Augen. Perth drehte sich um, kam langsam zurück und schlüpfte sicher durch das Loch im Zaun. Keiner von uns sagte etwas. Wir atmeten ein paar Mal tief durch und gingen weiter.

Ich glaube, es war im November desselben Jahres in Ost-Sussex, als sie beinahe bei Beachy Head, einem anderen Küstenabschnitt, das Zeitliche segnete. Wir waren noch nie dort gewesen, obwohl mein Vater in Amerika immer davon geschwärmt hatte, als ich noch ein Kind war. Es ist eine weite, offene Fläche, die zu den Downs gehört. Sie ist windgepeitscht und wild und liegt oberhalb von steilen Klippen, die bis zu hundertfünfzig Meter senkrecht nach unten ins Meer abfallen. In diesem Gebiet ist das Meer vor der Küste trügerisch, die Strömungen sind unberechenbar, und so wurden im Laufe der Jahrhunderte einige Segelschiffe hier an Land gespült, die an den Felsen zerschellten. Oben erstreckt sich der federnde Boden der Downs, ein toller Ort, um mit voller Geschwindigkeit dahinzudüsen.

Wir wussten nicht, wie die Landschaft beschaffen war, bis wir dort ankamen. Und da war es beinahe schon zu spät. Wir fünf gingen los und marschierten über die weite Grasfläche auf das Meer zu. Als wir näher kamen, konnte ich sehen, dass es keinen Zaun oder eine Absperrung gab, die markierte, wo der feste Boden zu Ende war und die Leere dahinter begann. Nichts, was den Ahnungslosen warnte. Mir fiel der blinde Gloucester aus Shakespeares schrecklicher Tragödie *König Lear* ein. Gloucester hat Selbstmordabsichten und bittet seinen Sohn daher, ihn über das Ödland zum Rand einer steilen Klippe oberhalb des tosenden Meers zu bringen. Sobald sie dort sind, will er sich in den sicheren Tod stürzen. Sein Sohn führt ihn stattdessen an einen harmlosen Ort, an dem er sich fallen lässt, ohne sich zu verletzen. In diesem Moment erblickte ich Perth, die unbesonnen auf den Rand zuschoss. Sie hatte keine Ahnung, dass sie in ein paar Metern zwangsläufig in den Abgrund stürzen würde. Eine weitere, noch tragischere literarische Erzählung ließ mich plötzlich erschauern, die Geschichte aus Thomas Hardys *Am grünen Rand der Welt,* in der Gabriel Oaks Hütehund, von irgendeinem Urinstinkt angetrieben, eine ganze Schafherde über eine Klippe in Dorset treibt, von der sie hundert Meter tief auf die darunter liegenden Felsen stürzt.

Ich war sicher, dass Perth bei der Geschwindigkeit, mit der sie sich dem Rand näherte, verloren war. Trotzdem rannte ich ihr hinterher und rief, dass sie anhalten, bleiben, zurückkommen sollte. Aber bei dem stürmischen Wind konnte sie mich nicht hören. Es gab nichts, was ich tun konnte, außer ihr hilflos zuzusehen. Doch vielleicht hatte sie ihre eigenen Urinstinkte, denn als sie nur noch ein paar Meter vom Rand entfernt war, grub sie ihre Krallen in den Boden und drückte sich mit aller Kraft nach rechts weg. Sie kam parallel zum Rand liegend zum Halten. Als ich zu ihr gerannt kam, lag sie noch immer keuchend da und sah hinab zum schäumenden Meer, wo der majestätische Leuchtturm warnend seine Leuchtsignale sendete.

Gelegentlich hatte auch sie Panik. Eines frühen Julimorgens beschlossen Andrew und ich gegen sieben Uhr, vor dem Frühstück einen Spaziergang zu einer Weide zu machen, die sich auf dem Weg zum Fluss befindet. Er war damals vier Jahre alt. Perth kam mit uns mit. In diesem Sommer machten wir das öfter. Es war ein wunderbarer ruhiger Morgen, und der Tau hing schwer in den Gräsern. Wir gingen durch ein Tor auf die Weide und schlossen es sorgsam wieder, wobei der Riegel auf typische Weise zuschnappte. Vor uns, in der Nähe des Tors, lagen ungefähr zehn von Barbara Stapeleys wunderschönen braunen Guernseyrindern. Sie kauten faul im feuchten Gras vor sich hin. Barbara hatte eine kleine Milchfarm am Fuße von Bury Hollow, einen Steinwurf vom Appletree Cottage entfernt. Andrew liebte die Kühe wegen ihren freundlichen Augen. Wir blieben stehen, um ein paar von ihnen am Kopf zu kraulen. Als wir weitergingen, bemerkte ich, dass einer meiner Schnürsenkel locker war, also blieb ich stehen und beugte mich vornüber, um ihn festzuziehen. Ich muss wohl eine zu große Verlockung für eine der Kühe gewesen sein, die die Gelegenheit wahrnahm und, während ich noch nach unten gebeugt war, von hinten auf mich draufsprang. Ich hatte keine Ahnung, was sie vorhatte. Sie stellte sich auf ihre Hinterbeine und landete auf meinem Rücken. Unter ihrem Gewicht fiel ich schwer zu Boden und lag unter ihr. Andrew, der alles sah, schrie. Er dachte, er hätte seinen Vater verloren. Perth schoss auf die Kuh zu und heulte wild. Aber das machte in diesem Fall alles nur noch schlimmer, denn sie erschreckte die Kuh und alle ihre Freundinnen so sehr, dass diese in Panik davongaloppierten. Glücklicherweise verfehlten die Hufe der überaus freundlichen Kuh über mir knapp meinen Kopf, als sie panisch davonsprang. Ich kam wacklig, aber unverletzt wieder auf die Füße.

Kapitel 19

Abgesehen von häufigen Zwischenfällen wie diesem gingen die Jahre friedlich dahin, und Perth erreichte ein tolles Alter. Sie wurde nie dick und hörte nie auf, die Umgebung zu erkunden, aber sie wurde langsamer. Ihre Muskeln wurden etwas kleiner. Ihr Fell glänzte immer noch, aber das Schwarz wurde gräulich und ihre braune Schnauze bekam weiße Flecken. Als sie sechzehn war, konnte sie immer noch hervorragend sehen, aber sie hörte langsam schlechter. Vielleicht war sie alt, aber sie war nicht dumm. Die Leute wussten sehr genau, dass sie sich bei ihr keine Freiheiten erlauben durften, vor allem, dass sie sie nicht hochnehmen oder, das war wie eh und je, ihren Kopf zu ihr hinunterbeugen durften. Im Appletree Cottage war es zu vier oder fünf prekären Situationen gekommen, in denen Gäste ihre Zähne zu spüren bekamen, als sie plötzlich zuschnappte. Sie hatte insgesamt nach viel mehr Menschen geschnappt, die aber ohne Verletzung davongekommen waren. Barbara Stapeley, eine von Perths verständnisvolleren Freundinnen, nannte sie »Reißzahn«. Das war vielleicht etwas absurd, da Perth immerhin das ehrwürdige Alter von sechzehn Jahren erreicht hatte, aber vielleicht auch nicht?

In diesem Jahr wurde mir eine neunmonatige Gastprofessur am William and Mary College in Virginia angeboten. Es klang verlockend. Claire hatte noch nie einen Fuß auf amerikanischen Boden gesetzt. Andrew war bereits einmal in Florida bei seiner Großmutter gewesen, aber nur als Kleinkind. Außerdem wollten Cindy und ich gerne für ein paar Monate in die

Staaten zurückkehren. Es war neun Jahre her, seit wir sie verlassen hatten. Aber was würden wir mit Perth machen? Wir standen wieder einmal vor dem ewig gleichen Problem.

Ein Zwinger kam nicht infrage. Wir sahen uns nach Freunden ohne Kinder um, die vielleicht gerne für neun Monate einen Beagle bei sich hatten. Es war zu riskant, Perth in einem Haus mit Kindern unterzubringen, die nicht wussten, wie man sich ihr gegenüber verhalten musste. Eines Sommerabends, als Cindy und ich gerade über das Problem nachdachten, hatte ich eine Idee.

»Wie wäre es mit Alistair und Stella Shaw in der Church Lane? Sie sind jung und vernünftig, haben keine Kinder, und auch sonst gibt es nichts, was das Ganze verkomplizieren würde. Vielleicht hätten sie Perth ganz gerne für ein paar Monate. Ich habe gesehen, wie er sie neulich gestreichelt hat.«

»Das ist eine großartige Idee«, antwortete Cindy. »Sie ist Lehrerin und kommt jeden Tag früh nach Hause. Perth könnte sie sogar in der Schule besuchen, sie befindet sich gleich gegenüber von ihrem Haus.«

»Was macht Alistair beruflich?«

»Er arbeitet in einem Weinberg in der Nähe von Arundel.«

»Perfekt. Perth könnte ihm dort auch Gesellschaft leisten. Es würde ihr Spaß machen, zwischen den Weinreben herumzutoben.«

Alistair Shaw, ein gut aussehender, schlanker junger Mann, Mitte zwanzig, der stolz einen schicken Schnurrbart trug, arbeitete an den Wochenenden als Koch, aber im Weinberg war es sein Job, die Weinstöcke zu schneiden und an den Holzgerüsten festzubinden. Der Weinberg schmiegte sich in ein paar sanfte Täler an den südlichen Hängen der Downs und war bekannt für seinen Weißwein. Alistair und Stella waren einfache Leute, die hart arbeiteten. Sie wohnten in einer Hälfte eines kleinen Doppelhauses, das zwischen den Kriegen gebaut worden war. Hinter dem Haus befand sich ein funktioneller Garten, der gerade groß genug war, um einen Tisch und ein paar Stühle rauszustellen und etwas Gemüse anzubauen. Ich hatte die beiden immer gern gemocht.

Am nächsten Tag gingen wir zu ihnen. Wir erzählten ihnen von unserer Idee und waren erstaunt, wie begeistert sie davon waren.

»Oh, wir würden Perth liebend gerne nehmen«, sagte Stella. »Perth ist so süß. Wir wollten so gerne einen Hund haben. Wie alt ist sie denn?« Alle Augen richteten sich einen Moment lang schweigend auf Perth. Sie saß auf dem Teppich und sah mich aufmerksam und mit hochgezogenen Ohren an. Sie wusste, was vor sich ging, schien aber unbeeindruckt zu sein.

»Ob Sie es glauben oder nicht, sie ist sechzehn«, antwortete ich.

»Tatsächlich?«, sagte Alistair. »Dafür sieht sie aber gut aus. Ich habe sie schon häufig überall herumrennen gesehen. Sie könnte mich zum Weinberg begleiten, sofern sie keine Weintrauben von den Reben klaut!« Er lachte.

Bei dieser Bemerkung fühlte ich mich etwas unbehaglich. Ich erinnerte mich an die Erdbeeren in den Huntington Gärten in Kalifornien und an eine Reise, die Cindy, Perth und ich vor Jahren mit dem Auto von Boston nach Neu Braunschweig in Kanada gemacht hatten, als Perth fünf Jahre alt war. Irgendwo auf einer einsamen Straße in Kanada blieb unser Auto liegen, und während wir versuchten, den Motor in Gang zu bringen, schlich Perth sich leise in die Büsche neben der Straße. Sie hatte ein paar Blaubeersträucher entdeckt und pflückte systematisch und vorsichtig die saftigen Beeren ab. Als wir es bemerkten, musste sie bereits Dutzende gefressen haben. Ihr Maul war ganz blau und ihr Atem duftete wunderbar fruchtig. Sie sah hochzufrieden mit sich aus. Es bedurfte keiner großen Fantasie, sich vorzustellen, wie sie eine Riesenladung von Alistairs weißen Sussex-Weintrauben verschlang. Aber ich sagte nichts.

»Sie können sie frei laufen lassen«, sagte ich. »Sie müssen nicht extra mit ihr spazieren gehen.«

Die Shaws waren so begeistert, dass wir sofort vereinbarten, Perth zur Probe zu ihnen zu bringen. Ab dem folgenden Tag würden sie sie für eine Woche nehmen und wenn sie sie dann immer noch wollten, sollte es so sein. Ich würde ihnen das Körbchen mitbringen, in dem sie schlief, sowie ein paar Dosen Hundefutter. Etwas anderes brauchte sie nicht. Bevor ich ging, wies ich sie noch auf Folgendes hin:

»Sie müssen sich eine wichtige Sache merken. Sie werden Perth lieben. Sie ist ein wunderbarer Hund. Aber Sie sollten nie versuchen, ihr Fressen wegzunehmen, und sich ihr nie von hinten nähern und sie hochheben. Sie mag nicht hochgehoben werden, vor allem nicht, wenn man sie überrascht. Sie sollten daran denken, dass sie nicht mehr so gut hört. Und vor allem sollten Sie nie dicht mit dem Kopf an ihren herangehen. Das mag sie überhaupt nicht, okay?«

Am nächsten Morgen brachte ich Perth also mit ihrem Körbchen und etwas Futter zu den Shaws, trank eine Tasse Kaffee mit ihnen und hoffte, dass wir dieses Mal wirklich eine gute Lösung gefunden hatten. Alles war perfekt geregelt. Perth konnte in Bury bleiben und weiterhin kommen und gehen, wie es ihr beliebte. Die Shaws waren ruhige und ausgeglichene Leute. Sie mochten Hunde und hatten keine Kinder. Es war ein gutes Zeichen, dass Perth, nachdem ich ihr befohlen hatte zu »bleiben«, nicht versuchte, mir zu folgen, als ich ging.

Der nächste Tag war ein Sonntag. Nach dem Gottesdienst verschlangen wir gierig einen Lammbraten, den Cindy gemacht hatte, und wollten es uns gerade im Garten bequem machen, um zu lesen, als das Telefon klingelte. Ich hörte die Stimme einer Frau, die ich nicht kannte. Sie klang sehr aufgeregt:

»Bitte kommen Sie sofort her, um Ihren Hund abzuholen. Es gab einen Unfall.« Sie legte auf.

»Oh nein, ich glaube, Perth ist etwas passiert«, rief ich und rannte in den Garten. Cindy sah furchtbar entsetzt aus. Andrew und Claire wollten mehr darüber wissen.

»Eine Frau hat mir gesagt, dass sich ein Unfall ereignet hat. Mehr weiß ich nicht. Ich gehe sofort hin.« Ich rannte über die Wiese zum Haus der Shaws. Innerhalb von drei Minuten war ich dort. An der Tür zum Vorgarten blieb ich stehen und rang nach Luft. Es war nichts zu hören. Es schien niemand zu Hause zu sein. Ich öffnete den Riegel und ging durch das Gartentor. Die Haustür stand sperrangelweit offen. Als ich darauf zuging, kam Perth heraus.

»Perth, dir geht es gut! Gott sei Dank!«, rief ich, als ich sie in meine Arme schloss. »Jemand hat gesagt, dass sich ein Unfall ereignet hat. Ich dachte schon, du wärst im Fluss ertrunken oder so was. Wo sind die Shaws?«

Sie verhielt sich eigenartig passiv. Ich ging zur Tür, die direkt in die Küche führte. Als ich hineinging, bot sich mir ein schockierender Anblick. Ich konnte kaum glauben, was ich sah. Überall war Blut. Es war Blut auf dem Fußboden, neben ihrer Futterschüssel, und von dort führte eine Blutspur zum Spülbecken, das total vollgespritzt war. Das Telefonbuch lag aufgeschlagen da und war ebenfalls blutbefleckt, als ob jemand es auf der Suche nach einer Nummer hektisch durchgeblättert hatte. Es war an einer Stelle in den gelben Seiten aufgeschlagen, an der sich Telefonnummern von Ärzten befanden.

Es war nicht schwer mir zusammenzureimen, was geschehen war. Der »Unfall« hatte sich bei Perths Futterschüssel ereignet. Sie musste gerade etwas gefressen haben, als sich ihr jemand von hinten genähert und versucht hatte, sie anzufassen. Wahrscheinlich hatte sie es nicht gehört, war blitzschnell herumgefahren und hatte ihre Zähne tief in ein Körperteil eines Menschen hineingebohrt. Aufgrund des vielen Bluts und dem befleckten Telefonbuch und Telefon sah es ganz so aus, als wäre es eine Hand oder ein Handgelenk gewesen. Aber wessen Hand war es? Und wie schlimm war derjenige verletzt?

Ich stöhnte und befürchtete das Schlimmste. Ich ging mit

weichen Knien nach draußen. Dort wartete Perth. Sie blickte schuldbewusst drein, senkte den Kopf und hatte den Schwanz eingezogen.

»Perth, wie kannst du sowas tun?«, ich war den Tränen nahe. »Dieses Mal bist du zu weit gegangen, du böser Hund. Das könnte dein Ende sein. Du hast alles verdorben.« Ich ging aus dem Garten hinaus, und sie folgte mir kleinlaut mit eingezogenem Schwanz. Die Stimmung zu Hause war äußerst gedrückt. Cindy machte sich schreckliche Sorgen darüber, wer verletzt worden war, und wie schlimm. Andrew und Claire sprachen auf dem sonnigen Rasen mit Perth. Dieses Bild stand in starkem Kontrast zu dem, was ich gerade in der Church Street gesehen hatte. Es war nicht einfach, Informationen zu bekommen, aber schließlich erfuhren wir per Telefon, dass die Shaws im St. Richard's Krankenhaus in der alten römischen Stadt Chichester waren. Ich versicherte der Krankenschwester, dass Perth alle vorgeschriebenen Impfungen hatte.

Perth hatte ihre Zähne in Alistairs rechte Hand gebohrt. Sie musste genäht werden, und er würde erst am Abend wieder zu Hause sein. Da wir uns bereits etwas viel Schlimmeres ausgemalt hatten, waren wir zunächst erleichtert. Aber es war schlimm genug. Am Abend rief ich bei den Shaws an und sprach mit Stella, die verständlicherweise kühl und reserviert klang. Ich ging sofort zu ihnen. Sie hatten die Küche sauber gemacht und saßen am Tisch. Alistairs Hand befand sich in einem dicken Verband. Ich setzte mich zu ihnen, und wir redeten.

»Tja«, begann Alistair, »ich glaube, es war mein Fehler, weil ich genau das getan habe, was ich nicht sollte. Sie haben mich gewarnt. Ich habe versucht, sie hochzuheben. Aber dieser Hund hat es wirklich in sich. Wissen Sie, ich denke, Sie sollten ihn nie alleine bei einem Freund lassen. Höchstens bei einem Feind. Jedenfalls wird's bei mir schon wieder werden. Ich habe keine Schmerzen.«

»Es tut mir so Leid, Alistair und Stella. Cindy ist völlig fertig wegen dieses Vorfalls. Es war ganz allein mein Fehler, weil ich mir so gewünscht habe, einen guten Platz für sie zu finden. Wir werden so lange weg sein, wissen Sie. Ich hätte es besser wissen müssen. Bitte verzeihen Sie mir.« Ich zitterte immer noch.

Wir redeten noch weiter und allmählich beruhigten wir uns. Ich rief Cindy an, um ihr zu sagen, wie es stand.

»Das Problem ist«, sagte Stella, »dass Alistair jetzt ungefähr drei Wochen lang nicht mehr im Weinberg arbeiten kann. Durch unsere Arbeitslosenversicherung sind nur sechzig Prozent seines Gehalts dort abgedeckt. Er kann immer noch als Koch arbeiten, aber das ist nur an den Wochenenden.«

Ich arbeitete diesen Sommer intensiv an einem Projekt, und jede Minute war für mich kostbar, aber ich zögerte nicht und sagte:

»Machen Sie sich keine Sorgen. Ich werde für Sie arbeiten, Alistair.«

Sie starrten mich entgeistert an. »Wie wollen Sie das denn machen?«, fragte Stella skeptisch. »Sie müssten im Weinberg angelernt werden.« Ich glaube, sie dachte, dass ich nur versuchte, mein Gewissen mit diesem Angebot zu beruhigen, aber es war mein voller Ernst. Wie konnten wir die Wochen einfach so verstreichen lassen, wenn wir genau wussten, dass sie wegen Perth drauflegen mussten?

»Könnten Sie mir nicht zeigen, was ich zu tun habe, Alistair, nur damit ich die Dinge dort am Laufen halten kann? Lassen Sie uns doch morgen zusammen mal hinfahren. Dann können Sie mir alles erklären.«

»Hm, das ist sehr anständig von Ihnen. Ich kann nicht behaupten, dass uns das nicht ungemein helfen würde. Haben Sie denn so viel Zeit?«

»Ja, natürlich. Wenn ich mich geschickt genug anstelle, kann ich die Arbeit solange machen, bis Sie wieder in der Lage sind zu übernehmen.«

Wir einigten uns darauf. Als ich nach Hause ging, fragte ich mich, ob ich nicht zu unüberlegt gehandelt hatte. Es würde meine eigene Arbeit völlig durcheinander bringen. Ich würde eine lange Zeit bis spät in die Nacht arbeiten müssen, um den Zeitverlust auszugleichen. Aber es musste sein. Cindy war der Meinung, dass ich das Richtige getan hatte.

»Und was dich betrifft«, sagte ich streng zu Perth, als ich nach Hause kam, »du begleitest mich zum Weinberg. Ich sehe nicht ein, warum ich den ganzen Tag alleine dort sein soll, während du dir hier eine schöne Zeit machst.« Sie wusste, dass ich furchtbar böse auf sie war. Es machte allerdings keinen Sinn, sie körperlich zu bestrafen. Sie war sich ihrer Schuld ohnehin zur Genüge bewusst, und in ihrem Alter gab es nichts mehr, was wir hätten tun können, um sie zu ändern. Wir konnten nur hoffen, dass so etwas nie wieder passieren würde. Wir konnten von Glück sagen, dass es nicht noch schlimmer gekommen war.

Alistair führte mich in die Geheimnisse des Weinbaus ein, und ich arbeitete insgesamt drei ganze Wochen im Weinberg. Es war eine langweilige Arbeit. In erster Linie steckte ich die Reben hinter Drähten fest, eine monotone Reihe nach der anderen. Ein Vorteil war, dass ich auf diese Weise aus meinem Büro herauskam und an der frischen Sussexluft war. Perth begleitete mich jeden Tag, und ich zwang sie dazu herumzusitzen und stundenlang nichts zu tun. Es war die schlimmste Bestrafung für sie. Am Ende der drei Wochen war Alistairs Hand soweit verheilt, dass er wieder arbeiten konnte. Er war mir sehr dankbar. Nach drei Monaten war seine Hand wieder völlig hergestellt. Abgesehen von den Narben, die immer mehr verschwanden, konnte man von Perths Angriff nichts mehr erkennen. Stella blieb kühl und distanziert. Sie nahm ihre Freundschaft mit uns nie wieder auf. Keiner der beiden wollte Perth jemals wieder sehen.

Kapitel 20

Nach diesem Debakel waren wir auf unserer Suche nach einem Zuhause für Perth für neun Monate keinen Schritt weiter. Ende August würden wir fort sein, und die Zeit wurde knapp. Eine Familie kam nun nicht mehr infrage. Uns blieb nichts übrig, als eine Hundepension zu finden. Aber dieses Mal hatten wir Glück. Die Lösung für unser Problem wurde uns auf einem silbernen Tablett präsentiert. Unsere Wahl musste logischerweise auf Barbara Stapeley fallen, die nicht nur wunderschöne wilde Kühe hatte, sondern auch eine kleine Hundepension namens Bury Hollow Kennels auf ihrer Farm betrieb, die nur zweihundert Meter vom Ende unseres Gartens entfernt lag.

Barbara Stapeley war eine jener unvergesslichen Persönlichkeiten, über die hin und wieder in Zeitschriften berichtet wird. Sie war über siebzig und sehr robust. Sie war eine große rundliche Frau mit einem geröteten runden Gesicht und kurzen grauen Haaren, die immer zerzaust waren, so als wäre sie gerade aus einem heftigen Sturm gekommen. Ich kann mich nicht erinnern, sie jemals elegant gekleidet gesehen zu haben. Egal, wo sie hinging, sie trug immer einfache Hemden und Latzhosen, Jeans oder Jeansoveralls. Jahrzehntelang hatte sie in Bury glatthaarige Foxterrier und Retriever mit krausem Fell gezüchtet, für die sie in der ganzen Welt bekannt war. Sie hatte einen Preis nach dem anderen bei der renommierten Crufts Dog Show gewonnen, einer Hundeausstellung, die jährlich in London stattfindet. Sie war äußerst gebildet und intelligent, redete nicht lang um den heißen Brei herum und sagte klar und deutlich ihre Meinung.

Die Leute waren immer wieder überrascht, wie ruppig sie sein konnte. Die Fahrer des Unternehmens, das seit fünfzig Jahren die Milch bei ihr abholte und zur Molkerei brachte, sagten ihr eines Tages, dass ihre Zufahrt zu eng für die Laster sei. Die Laster waren weder breiter geworden noch die Zufahrt schmaler, aber aus irgendeinem Grund hatten die Fahrer das Gefühl, dass sie mehr Platz benötigten. Sie weigerte sich, die Zufahrt zu verändern. Daraufhin informierte das Unternehmen sie, dass ihre Milch nicht länger abgeholt werden konnte. Mit einer lässigen Handbewegung sagte sie »dann eben nicht«, verkaufte ihre Kühe und gab die Milchwirtschaft komplett auf. Anstatt sich mit nervtötenden Verwaltern rumzuärgern, deren arrogante Vorstellung von modernen und praktischen Methoden ihr ohnehin auf die Nerven ging und die sie als Bedrohung für die alten ländlichen Arbeitsweisen und Werte empfand, sagte sie »zum Teufel mit ihnen« und konzentrierte sich auf ihre Hundepension. Einige ihrer Lieblingskühe behielt sie aus Nostalgie.

Eines Nachts im November gelang es einer dieser Kühe, durch den Zaun auf die angrenzende abfallende Weide zwischen ihrem und unserem Cottage zu gelangen. Barbara wurde durch ihre Hunde geweckt und suchte das Tier im Mondschein. Die Kuh hatte sich einen Weg durch einen weiteren Zaun am oberen Ende der Weide gebahnt und stand nun vor Angst gelähmt zwischen dem Zaun und dem Rand des Sandsteinfelsens zehn Meter oberhalb der Niederung. Barbara konnte sie nicht dazu bringen, sich zu bewegen, also klopfte sie, nein, sie hämmerte um Mitternacht gegen unsere Hintertür und bat mich, ihr zu helfen. Ich ging mit Perth hinaus, die das ihrige dazu beitrug, die Kuh dazu zu bringen, sich vom Fleck zu bewegen, indem sie sie wild anheulte. Wir drei mühten uns eine geschlagene Stunde im kalten Novembermondlicht ab, bis es uns endlich gelang, die Kuh in Sicherheit zu bringen. So war Barbara nun mal. Sie legte nie Wert auf Förmlichkeiten und verschwendete keine Zeit mit unnötigen Floskeln.

Viele Leute fühlten sich durch ihre Ruppigkeit und Ehrlichkeit verletzt. Wir liebten ihr großes mitfühlendes Herz. Und sie verstand Hunde besser als irgendjemand, den ich sonst kenne. Sie verstand Perths exzentrisches Verhalten ab dem Moment, in dem wir ins Dorf zogen. Sie erkannte ihren unbeugsamen Willen und ihre ausgeprägte Intelligenz und sah in ihr ein rastloses Tier mit einer dreifachen Portion Mut. Sie wusste, dass Perth viel Raum benötigte, und hatte nicht viel Geduld mit Leuten, die der Meinung waren, dass der Hund angebunden werden sollte. Aber sie erkannte bei Perth auch eine Nervosität, eine wilde Ungeduld, die ihr zufolge daher rührten, dass wir sie im Laufe der Jahre wegen unserer Reisen einige Male alleine gelassen hatten.

»Wenn Perth ein durchschnittlicher und gehorsamer Hund wäre«, sagte sie einmal zu uns, »hätten Sie mit ihr keine Probleme gehabt. Aber so wie sie aufgewachsen ist, mit dem Gefühl, dass sie ein Anrecht auf grenzenlose Freiheit hat, wurde sie nicht nur eine Überlebenskünstlerin, sondern es ist auch schwer, sie zu kontrollieren. Außerdem hat sie größtes Vertrauen zu Ihnen. Darin liegt ein weiteres Problem. Ich glaube, sie denkt, dass Sie sie manchmal im Stich gelassen haben.«

Anfang August, der in diesem Jahr ziemlich kalt war, kurz vor der Weizen- und Gersteernte und nur zwei Wochen, bevor wir fortgerissen werden würden, geschah etwas, das zugleich komisch und herzergreifend war und uns noch deutlicher machte, dass wir Perth auf keinen Fall bei einer Familie lassen konnten, egal, wie wohlgesonnen sie ihr waren oder wie gut sie auch mit ihr zurechtkommen mochten. Neben ihrem schlechten Gehör und ihrem grauen Fell war dieser Vorfall auch ein Zeichen, dass sie älter wurde. Barbara Stapeley spielte die komische Rolle dabei, Perth die herzergreifende.

Es war wieder einmal mitten in der Nacht, als wir vom klingelnden Telefon geweckt wurden. Es war Barbara.

»Um Himmels willen, hören Sie denn nicht, wie Perth draußen im Weizen heult? Sie hat sich verirrt. Schnappen Sie sich eine Taschenlampe und holen Sie sie! Das arme Tier.«

»Barbara«, antwortete ich heiser und ungläubig, »wenn es etwas gibt, das Perth nie passieren kann, dann ist es, sich im Weizen zu verirren. Sie muss eine Maus in die Enge getrieben haben oder so was. Es wird in einer Minute vorbei sein. Wir sollten weiterschlafen.« Ich konnte Perth jetzt auch hören, sie machte tatsächlich einen Heidenlärm.

»Peter, Sie nehmen jetzt eine Taschenlampe und gehen da raus«, sagte sie ungeduldig. »Ich kenne Ihren Beagle und ich weiß, wie es klingt, wenn ein Hund vor Verzweiflung heult. Wenn Sie zu faul sind aufzustehen, bitten Sie Ihre bessere Hälfte. Können Sie Perth denn nicht hören? Sie ist außer sich vor Angst.«

»Ich glaube, wir haben keine Taschenlampe«, antwortete ich ehrlich.

»Dann kommen Sie her und borgen sich meine!« Sie legte den Hörer auf.

Wenn Barbara etwas befahl, gehorchte man. Also zog Cindy sich an und eilte durch die stockdunkle Senke zu den Zwingern, ging um Barbaras Haus herum und klopfte an die Küchentür. Sie machte sofort auf. Sie war in einen langen, zerschlissenen Pelzmantel gehüllt.

»Das hat aber lange gedauert. Beeilen Sie sich, hier ist die Taschenlampe. Los, los, machen Sie schon. Diese Kälte wird mich noch umbringen. Ich habe überhaupt nichts unter diesem Mantel an. Und wenn Sie sie finden, nehmen Sie sie hoch und tragen Sie sie durch den Weizen. Irgendetwas stimmt nicht mit ihr.«

Ohne Barbara in ihrem Mantel genauer anzusehen, lief Cindy rasch durch die Senke wieder hinauf. Ich hatte mich mittlerweile auch angezogen, und gemeinsam betraten wir durch ein Loch in der Hecke das Feld. Perth heulte immer noch. Im nächsten Moment stolperten wir beinahe. Genau vor uns war der Weizen in einem kleinen Kreis niedergedrückt worden, in dessen Mitte eine Igelfamilie lag – Mutter, Vater und vier Babys. Sie blickten alle mit großen glänzenden Knopfaugen in das helle Licht der Taschenlampe. Wir hatten ihr gemütliches Nest aufgestöbert.

»Wie süß!«, flüsterte Cindy. »Vorsicht, erschreck sie nicht!« In der Dunkelheit gingen wir weiter in einer Traktorspur durch den hohen Weizen in Richtung des Lärms. Es war nicht schwer, Perth zu finden. Innerhalb von fünf Minuten waren wir bei ihr. Sie stand heulend da und hatte völlig die Orientierung verloren. Ihre Sinne hatten sie im Stich gelassen. Sie hörte sofort auf zu heulen, als sie uns sah, und kam in unsere Arme geflogen. Ich hob sie hoch, und während Cindy uns mit der Taschenlampe leuchtete, machten wir uns auf den Rückweg zum Garten. Als ich sie auf den Rasen setzte, war bei ihr wieder alles in Ordnung. Wir gingen schnell zu Bett, und Perth nahm ihren gewohnten Platz zwischen den Laken ein. Die Kinder schliefen tief und fest und hatten nichts von der Unruhe mitbekommen.

So etwas war Perth noch nie passiert. Ihre Nase, Augen und Ohren hatten ihr den Dienst versagt. War es ein Hinweis darauf, was ihr noch bevorstand? Konnten wir uns nicht länger auf ihren Orientierungssinn verlassen? Was wäre, wenn ihr das eines Tages fünf Kilometer von zu Hause entfernt passierte? Barbara hatte ihr Klagen gehört und wusste, was das bedeutete.

Barbara trank gegen Mittag gerne ein Glas Cidre im Black Dog and Duck auf der anderen Straßenseite, also suchten Perth und ich sie am nächsten Tag dort auf. Sie saß mit einer Freundin in dem kleinen gemütlichen Nebenzimmer des Pubs, das »Juscuminbar« genannt wurde.

»Barbara, Sie habe ich gesucht. Darf ich mich kurz zu Ihnen setzen?«

»Natürlich. Hallo, Perth, geht's uns wieder gut?« Ich merkte, dass sie gute Laune hatte. Perth setzte sich ihr zu Füßen.

»Nach dem Vorfall letzte Nacht muss ich mit Ihnen über

Perth sprechen. Wir sitzen in der Klemme. Wie Sie ja wissen, fliegen wir in ein paar Wochen nach Amerika.«

»Ja, ich weiß. Und Sie möchten, dass ich Perth nehme.«

»Perth ist ein außergewöhnlicher Hund, Barbara.«

»Sie muss ein außergewöhnlicher Hund sein, bei einem Herrchen wie Ihnen.«

Ihre Freundin lachte glucksend.

»Wir wollten sie eigentlich gerne bei einer Familie unterbringen, aber durch das Fiasko bei den Shaws steht das nicht mehr zur Diskussion.« Ich kratzte Perths Kopf.

»Peter, Sie hätten mich früher fragen sollen. Es war verrückt zu denken, dass man einen Hund in ihrem Alter bei einem jungen Paar lassen kann, das keine Ahnung von Hunden hat, vor allem, wenn er seinen eigenen Kopf hat wie Perth. Natürlich nehme ich sie. Allerdings hatte ich noch nie so lange einen Hund bei mir. Ich tue es für Perth.«

»Ich könnte Sie dafür küssen«, stieß ich unbesonnen hervor.

»Wenn Sie das tun, nehme ich sie nicht«, gab sie schlagfertig mit einem Lächeln zurück. »Ihnen ist hoffentlich klar, dass ich sie im ›Schlafsaal‹ unterbringen werde, nicht im Haus?«

»Ja.«

»Aber ich werde mich gut um sie kümmern. Ich gehe mit ihr spazieren und ich werde eine starke Wärmelampe aufhängen. Sie bekommt allerbestes Futter, und ich werde sie hin und wieder mit ins Haus nehmen. Sie können mir den üblichen Quarantänetarif bezahlen.«

»Wunderbar.« Perth hörte uns zu und verstand zweifellos, was wir vereinbarten. Offensichtlich beunruhigte sie das nicht.

»Nun, altes Mädchen«, sagte Barbara zu ihr und streichelte ihren Kopf, »was hältst du davon? Keine Sorge, dir wird es gut bei mir gehen.« Dann sah sie mich wieder an und sagte: »Ich weiß, dass Sie gerne möchten, dass Perth frei herumläuft, aber diese Verantwortung kann ich nicht übernehmen. Sie würden es mir nie verzeihen, wenn sie in einen Brunnen fallen oder von einem Auto überfahren würde.«

»Ich weiß. Es ist schäbig von uns, dass wir sie hier lassen.« Ich fühlte mich schuldig und musste mich rechtfertigen. »Wissen Sie, Barbara, ich kann mir diese Gelegenheit in den Staaten nicht entgehen lassen.«

Der Gedanke an die Agonie früherer Sommer trübte meine Stimmung, während ich mit ihr sprach. Schon wieder beschritt ich diesen Pfad, nur in umgekehrter Richtung. Ich brachte es nicht über mich, ihr von meinen früheren Reisen zu erzählen, als Perth noch jung war.

»Schon gut, schon gut. Kommen Sie später zu mir, dann besprechen wir die Details. Ich weiß, dass Sie und Cindy Perth heiß und innig lieben.«

Die nächsten Tage vergingen schnell. An unserem letzten Tag in England brachten wir Perth zu Barbara.

»Machen Sie sich keine Sorgen um sie«, sagte Barbara fröhlich. Sie sah, dass es uns nicht gut ging. »Ich sorge dafür, dass sie es warm hat, und sie wird unter Freunden sein. Nicht wahr, altes Mädchen? Schreiben Sie mir hin und wieder, dann schreibe ich Ihnen zurück und berichte Ihnen, wie es ihr geht. Sie sieht kerngesund aus, daher wird es ihr schon gut gehen.«

»Vielen Dank, Barbara«, antwortete Cindy mit feuchten Augen. »Sie ist unser erstes Kind, wissen Sie.«

»Kommen Sie mit, ich zeige Ihnen, wo sie wohnen wird.« Sie nahm uns mit zum »Schlafsaal«, der früher eine Scheune für Heu gewesen war. Er war trocken und duftete süß. Nur ein anderer, sehr ruhiger Hund war noch dort. Perth hatte einen großen Auslauf. Der Boden war mit frischem Stroh bedeckt, und es gab eine geräumige Hundhütte, in der sie sich gemütlich einrollen konnte. In einer benachbarten Scheune hörten wir Hühner und Gänse. Auf den Wiesen in der Nähe waren Pferde und Kühe. Es hätte nicht besser sein können. Sie wurde geliebt, war sicher und gut auf der Farm untergebracht. Es war nicht mit Vermont vergleichbar, wo sie vor so vielen Jahren geflohen war. Das Einzige, was sie hier nicht hatte, war die völlige Freiheit zu kommen und zu gehen, wann sie wollte.

Kapitel 21

Es hat keinen Sinn, über all die Monate zu klagen, die wir in Virginia ohne Perth verbrachten. Das Leben war voller neuer Erfahrungen, und die neun Monate vergingen wie im Flug. Andrew und Claire machten in diesem Jahr einen großen Entwicklungsschritt. Sie vergaßen Perth nicht, aber Amerika war für sie sehr spannend, vor allem Colonial Williamsburg, das Freilichtmuseum aus dem achtzehnten Jahrhundert, wo die frühe amerikanische Geschichte auf unterschiedlichste und faszinierende Weise lebendig wurde. Vor ihren Augen wurden Töpferwaren, Schuhe und Stiefel, Kerzen, Gartenwerkzeuge, Musikinstrumente und vieles mehr hergestellt. Das alles geschah in architektonisch authentischen Häusern und Geschäften. Den beiden Kindern, die in einem Cottage aufgewachsen waren, das etwa zu der Zeit gebaut worden war, als Christoph Kolumbus »Amerika« entdeckte, kamen diese Häuser gar nicht so uralt vor, aber sie waren begeistert von den Menschen, die Kleider aus dem achtzehnten Jahrhundert trugen, und dem Gefühl, aus dem zwanzigsten Jahrhundert herauskatapultiert worden zu sein. Es war wie im Märchen.

Für mich war es genauso. Das College of William and Mary ist eine ehrwürdige Institution, die zweitälteste Universität in Amerika. Das Wren-Gebäude, in dem ich unterrichtete, ist das älteste Universitätsgebäude des Landes. Mein Büro, eine separate »Küche« aus dem späten siebzehnten Jahrhundert, war das älteste Universitätsbüro in Nordamerika. Mit der Zeit gingen mir die Touristen etwas auf die Nerven, die ständig vorbeikamen, zum Fenster hineinschauten und mich fragten, wie alt das Gebäude war, ob George Washington jemals einen Fuß hineingesetzt oder ob Thomas Jefferson je dort geschlafen hatte. Aber es machte alles Spaß. Ich spielte in der Tennismannschaft der Fakultät, hielt Vorträge an Schulen in ganz Tidewater, Virginia, und nahm sogar an zwanzig Kilometer langen Halbmarathonläufen teil. Der amerikanische Lebensstil entsprach mir zwar immer noch nicht, wie ich nach meiner zehnjährigen Abwesenheit feststellte, aber er hatte auch seine guten Seiten.

Trotzdem sehnten wir uns nach Perth. Während sich all dies fünftausend Kilometer entfernt ereignete, war sie Barbara zufolge nach wie vor bei bester Gesundheit und schien ihre Zeit in der Hollow Farm Hundepension zu genießen. Barbara achtete darauf, dass sie genug zu fressen und viel Bewegung hatte. Sie hatte ein gutes Händchen für Perth und kam bestens mit ihren Launen und ihrem Temperament zurecht. Perth liebte sie. Sie waren sich in vieler Hinsicht sehr ähnlich, zwei ältere Damen mit klaren Vorstellungen darüber, wie man das Leben leben sollte, die genau wussten, wen sie mochten und wen nicht, und überhaupt nicht zögerten, den Betreffenden das auch zu sagen. Perth verfolgte nach wie vor unbeirrbar ihre Ziele. Schon früh beanspruchte sie den fünften Auslauf am Ende des »Schlafsaals« für sich. Wenn Barbara einen neuen Hund zufällig dort unterbrachte, während Perth gerade im Hof war, bezog diese bei ihrer Rückkehr dickköpfig und ruhig vor dem Auslauf Position und weigerte sich so lange, sich von der Stelle zu bewegen, bis der Eindringling vertrieben worden war. Es bestand kein Zweifel, Barbara hatte sich in Perth verliebt.

Als wir im Mai das Flugzeug bestiegen, um nach England zurückzukehren, musste ich an die schwierigen Zeiten viele Jahre zuvor denken, als wir Perth monatelang alleine lassen mussten, wenn wir Amerika verließen. Aber jetzt aus Amerika wegzufliegen bedeutete eine freudige Rückkehr zu ihr, nach unserer längsten Trennung in ihrem langen Leben. In ein paar Stunden würden wir wieder mit ihr im Appletree Cottage zusammen sein. Sie würde wieder frei sein, wiedergeboren in der grünen Wiege unseres adoptierten Landes. Sie war mittlerweile siebzehn, aber sicher konnte sie ihr früheres Leben wieder aufnehmen und es so weiterführen, wie sie es vor neun Monaten im Appletree Cottage getan hatte. Doch eigentlich war ich mir gar nicht so sicher. In welcher Verfassung war sie nun, nach der langen Zeit, in der sie in ihrer Bewegungsfreiheit eingeschränkt gewesen war? Würde sie ganz die Alte sein oder war sie in dieser Zeit ein alter Hund geworden?

Wir kamen nach Bury und fuhren direkt zur Hundepension. Barbara begrüßte uns in ihrem Morgenmantel. Sie sah urkomisch darin aus. Wir waren etwas erstaunt, da wir uns in Williamsburg daran gewöhnt hatten, dass jeder sich immer sauber und ordentlich kleidete. Dort existierte nichts von der ländlichen Einfachheit in Bury. Barbara begrüßte uns unsentimental, freute sich aber für Perth. Es gab keine überschwänglichen Umarmungen, sondern nur flüchtige Küsse auf die Wangen.

»Heute ist ein Freudentag für Ihren entzückenden Beagle«, sagte sie. »Sie werden doch nicht nächste Woche oder nächsten Monat schon wieder abreisen, oder? Sonst streiche ich Sie aus meinem Adressbuch. Sie war wunderbar, eine richtige Kämpferin. Ihre Gelenke sind etwas steifer geworden, aber das wird sich schnell wieder geben, wenn sie viel herumläuft. Warten Sie, ich hole sie.«

Perth steckte ihre Nase zur Scheunentür hinaus und kam herausgetrottet. Andrew sah sie zuerst und lief ihr entgegen. Voller Freude trafen sie sich auf halbem Wege. Wir anderen folgten. Sie hatte noch nie besser ausgesehen. Ihr Fell glänzte, ihre Brust leuchtete weiß, und ihr Körper war schlank. Sie heulte fortwährend. Barbara sah dem Ganzen amüsiert zu und war hochzufrieden.

»Barbara, sie sieht fantastisch aus«, rief ich ihr zu. »Ich kann

Ihnen gar nicht genug danken, dass Sie sich um sie gekümmert haben – aber was noch viel wichtiger ist, dass Sie sie geliebt haben. Sie wird noch lange Zeit leben.«

Andrew und Claire gingen beide zu Barbara und schüttelten ihr die Hand.

»Danke, Miss Stapeley, dass Sie dafür gesorgt haben, dass Perth so gut aussieht«, sagte Andrew.

Als wir in den Garten des Appletree Cottages gingen, wurde ich von meinen Gefühlen überwältigt. Endlich wieder da! Alles war so wunderschön. Dies war unser einziges Zuhause. Im Handumdrehen hatten wir unser gewohntes Leben in Bury wieder aufgenommen, und Perth stürzte sich in die grüne Welt hinein. Es war später Frühling, die neuen Rosen blühten, Lämmer und Kälber genossen die neue Frische der Jahreszeit, und es gab so viel für Perth zu sehen und zu tun. Sie streckte ihre Beine und aktivierte Muskeln, die sie lange nicht beansprucht hatte, um wieder über die duftende Sussexerde zu düsen.

Aber Barbara hatte Recht. Sie war steifer geworden und bewegte sich langsamer. Sie verschwand morgens meistens immer noch, aber sie legte nicht mehr so große Distanzen zurück. Ihr Elan war so groß wie eh und je, aber ihr Körper war schwächer. Allerdings konnte ich mir nicht vorstellen, dass sie je aufgeben und nicht mehr unterwegs sein würde; es schien den Elementen, aus denen sie beschaffen war, zu widersprechen. Sie würde wahrscheinlich bis zu dem Moment rennen, in dem sie aufhörte zu atmen. Auf das menschliche Alter umgerechnet war sie bereits 119 Jahre alt. Sie hatte ihr Gelobtes Land vor langer Zeit gefunden und verlieh ihm immer wieder eine neue Bedeutung. Sie kannte jedes Haus, jede Hecke und Straße, jeden Pfad, Hügel und Garten darin. Es schien eine endlose Welt zu sein.

Der Winter kam in diesem Jahr früh. Er erinnerte uns an Perths letzte Monate in Quarantäne. Im November gab es bereits starken Frost und leichte Schneefälle. Mit ihren achtzehn Jahren machte es Perth sehr zu schaffen. Sie begann über das gefrorene Gras zu hoppeln. Barbara sagte uns, es sei Arthritis. Zum ersten Mal bereitete es ihr Schwierigkeiten, die vier Stufen von der Küche zum Garten hinaufzuklettern. Sie konnte auch nicht mehr auf unser Bett springen. Immer wenn es nötig war, hoben wir sie hinauf. Beunruhigend war, dass ihr Körper hin und wieder oberhalb ihrer Schultern zuckte. Es sah so aus, als habe sie schwache epileptische Anfälle. »Kommen Sie bitte und holen Perth ab«, rief uns unsere Nachbarin Jenny Dover eines Tages über die Straße zu, »sie hat einen Anfall in meinem Garten.«

All ihre Leiden schienen gleichzeitig zu beginnen. Sie sah immer schlechter, und nachts wurde sie inkontinent. Wir sperrten sie daraufhin mit ihrem Korb in die Küche, damit sie die Teppiche nicht beschmutzen konnte. Sie bemühte sich sehr, sich zu kontrollieren. Wenn einer von uns um fünf Uhr morgens aufwachte und sie hinausließ, war alles in Ordnung. Aber wenn wir erst gegen sieben Uhr kamen, fanden wir eine Pfütze auf dem Küchenboden und oft auch ein Häufchen. Im Laufe der Monate passierte es immer häufiger. Wenn wir morgens die Küchentür öffneten und die Bescherung sahen, lag sie in ihrem Körbchen und blickte entschuldigend zu uns auf. Wir machten dann einfach sauber, und es gab bis zum nächsten Morgen keine Probleme mehr.

Eines Tages hörte Andrew zufällig, wie ich sagte: »Cindy, wenn es so weiter geht, werden wir sie dann behalten können?« Es war beim Frühstück, und ich hatte gerade den besonders verdreckten Boden gesäubert, während Perth in ihrem Körbchen döste.

Cindy legte ihre Hand auf meine und sagte leise: »Du weißt doch genau, dass wir alles für Perth tun würden, so lange es nötig ist. Wir könnten uns ebenso gut unsere Hände oder Beine abhacken, wenn wir uns von ihr trennen.« Ich legte meine Hand auf ihre. Wir betrachteten diesen bemerkenswerten Hund im Körbchen und wurden von unseren Gefühlen überwältigt. Wenn sie doch nur ewig leben könnte.

Als ich am nächsten Morgen verschlafen in die Küche kam, um die übliche Bescherung zu beseitigen, lag ein Zettel mit einer kurzen Nachricht von Andrew auf dem Tisch. Darauf stand: »Liebe Mama, lieber Papa. Ich werde jeden Morgen die Küche sauber machen. Macht euch keine Sorgen. Bitte bringt Perth nicht weg. In Liebe, Andrew.«

»Mein lieber Sohn, ich liebe dich so sehr«, sagte ich später zu ihm. »Perth liebt dich auch. Es ist sehr nett von dir, dass du die Küche sauber machen willst. Wir könnten uns abwechseln, wie findest du das? Es ist so wie morgens den Wasserkocher aufzustellen. Wir werden nicht darüber nachdenken, sondern es einfach tun. Wir werden sie nie weggeben, egal, was ist. Sie wird immer hier bei uns sein.« Ein paar Tage später schrieb Claire eine ähnliche Nachricht.

Monatelang überwand Andrew sich morgens aufzustehen und wischte auf Händen und Knien mit Lumpen und einem Eimer Wasser den Boden. Es stank und es war eine unangenehme Arbeit, aber er war gewissenhaft und erledigte es immer, wenn er an der Reihe war. Manchmal sah ich Claire auf Händen und Knien neben ihm, und sie schrubbten gemeinsam schweigend den Boden.

Perths Gehör hatte sich ebenfalls sehr verschlechtert, was eine ihrer letzten Heldentaten, wenn man es so nennen kann, noch erstaunlicher machte. Eines Tages waren Cindy und ich oben im Schlafzimmer und unterhielten uns faul. Perth lag mit uns auf dem Bett. Plötzlich schoss ihr Kopf in die Höhe; sie blickte zur Tür, von der man den Garten und die Felder überblicken konnte. Wir hörten nichts, aber sie begann wild zu bellen und zu heulen, sprang vom Bett hinunter und rannte zum Fenster. Egal, wie schlecht ihre Augen und Ohren sein mochten, da draußen war etwas.

Als ich hinsah, erblickte ich gerade noch einen etwa sechzehnjährigen Jungen, der sich aus unserem kleinen Sommer-Gartenhäuschen davonschlich und auf die Hecke am Ende des Gartens zuging. Er trug etwas. Ich rannte nach unten, zur

Küchentür hinaus und holte ihn auf halbem Weg zur Hecke ein. Er hatte einiges Zubehör unserer Fotoausrüstung mitgenommen, das wir im Bungalow aufbewahrten. Während ich ihn auf den Boden gedrückt hielt, rief Cindy schnell die Polizei in der nächsten Stadt an.

Perth kam zu uns auf den Rasen. Sie knurrte nicht und zeigte auch nicht ihre Zähne. Aber sie sah den Jungen streng an. Ich hätte ihn in ihrer Obhut lassen können, so entschlossen war sie, ihn nicht entkommen zu lassen.

Ich begann, dem Jungen einen Vortrag zu halten. »Du kannst dich bei meinem Hund bedanken, dass ich dich erwischt habe. Heute könnte dein Glückstag sein. Wenn du dir das eine Lehre sein lässt, hat dich mein wachsamer Hund heute möglicherweise davor bewahrt, dass du in Zukunft im Gefängnis landest. Wo wohnst du?«

»In Arundel«, antwortete er.

»Tja, deine Eltern werden nicht gerade erfreut sein.«

»Können Sie Ihren Ellbogen aus meinem Gesicht nehmen?«, war alles, was er sagte. Er blickte säuerlich zu Perth.

Schließlich traf Wachtmeister Apps bei uns ein, bedankte sich bei mir und Perth und nahm den Jungen mit. Später erfuhren wir, dass bei der Durchsuchung seines Zimmers in Arundel eine ganze Sammlung von kostbaren technischen Geräten gefunden worden war, die er zum größten Teil in Bury gestohlen hatte. Alles wurde den Besitzern zurückgegeben, einige von ihnen waren Freunde von uns, die sich sehr darüber freuten. Als es sich herumsprach, dass Perth eine entscheidende Rolle bei der Ergreifung des Diebes gespielt hatte, wurde sie für eine Weile zur Dorfheldin.

Das war ein ermutigender Zwischenfall. Aber insgesamt wurde Perth immer schwächer, als der Frühling kam. Sie ging nicht einmal mehr auf ihre morgendlichen Expeditionen. Sie konnte nur noch hoppeln. Ihre Augen sahen noch müder aus, und ihr Fell war noch grauer geworden.

Dann geschah das Unvorstellbare. Die Kinder waren entsetzt, als ich es ihnen erzählte. Und Barbara war es ebenfalls.

»Barbara«, begann ich zitternd, »Sie werden mich sicher für verrückt halten, und wahrscheinlich bin ich das auch, aber man hat mich gebeten, ein Buch über die Geschichte Virginias zu schreiben, und ich muss noch einmal für neun Monate dorthin.« Ich stand schutzlos auf dem Hof ihrer Farm. Sie starrte mich nur an. »Ich muss es tun, Barbara, und ich kann Cindy und die Kinder nicht hier lassen. Cindy und ich waren nie länger als drei Wochen voneinander getrennt.«

»Aber von Perth getrennt zu sein, ist schon in Ordnung, oder wie? Und das in ihrem Alter und in ihrem Zustand? Wenn Sie sie nochmal alleine lassen, wird sie das umbringen. Da bin ich mir sicher. Himmel nochmal, sie ist achtzehn!«

Das Gefühl, dass wir falsch handelten, machte Cindy und mir schwer zu schaffen, als wir versuchten, uns dazu durchzuringen, nach Virginia zu gehen. Perth abermals zu verlassen war so, als ob man seine alte Mutter ins Altersheim steckte und selbst einen tollen Urlaub in einem anderen Land verbrachte. Aber wie oft wurde ich gebeten, ein Buch zu schreiben? Ich ging nicht aus Spaß nach Virginia. Ich würde hart arbeiten müssen. Unsere Freunde im Dorf beneideten uns um unsere Reise, aber konnte wirklich jemand ernsthaft glauben, dass wir unser Fleckchen in England gerne verließen, um wieder in die Neue Welt zu fahren?

Nach wochenlangem Hin und Her beschlossen wir, dass wir dorthin mussten. Aber was sollte mit Perth geschehen? Wenn wir sie in ihrem Zustand in Barbaras Hundepension brachten, würde sie das sicher umbringen. Das Bedrückende war, dass sie wahrscheinlich ohnehin nicht mehr lange zu leben hatte. Es wäre so grausam. Und wenn sie das Jahr tatsächlich überlebte, in welcher Verfassung würde sie sein, wenn wir zurückkamen? Wie lange würde sie dann noch leben? Wahrscheinlich nicht sehr lange. Mit Fragen wie diesen näherten wir uns jeden Tag langsam immer mehr dem unausweichlichen, quälenden Schluss, dass wir sie vom Tierarzt einschläfern lassen mussten. An dem Abend, als wir uns dazu entschlossen, kroch ich in mein Arbeitszimmer unter dem Dach und weinte.

Aber ich konnte es nicht ertragen, dass die Kinder es mitbekamen. Vielleicht war ich auch nur feige und hatte nicht die Stärke, mich selbst darum zu kümmern? Was immer auch der Grund war, wir gingen mit dem Problem zu Barbara. Ich erklärte ihr, wie wir fühlten, und fragte sie, ob sie mit Perth zum Tierarzt gehen würde, sobald wir weg waren.

»Nein, Peter, das kann ich nicht tun. Ich verstehe natürlich, warum Sie denken, dass es besser für Perth wäre, sie einschläfern zu lassen, aber das ist etwas, das Sie selbst erledigen müssen.« Ich wiederholte, dass wir es wegen der Kinder erst machen lassen wollten, wenn sie weit weg waren. Allmählich und sehr widerwillig fand sie sich mit dem Vorschlag ab. »Das würde ich für niemanden sonst tun, aber ich kenne Perth so gut, dass ich es machen werde. Ich werde sie etwas waschen und ordentlich bürsten und dann bringe ich sie zum Tierarzt.«

Frühling und Sommer vergingen auf eine traurige Weise. Auf unseren Herzen lastete eine Schwere. Wir hatten das Gefühl, dass es das Ende war, der letzte strahlende Herbst in unserem gemeinsamen Leben mit Perth. Wir hatten noch nie so einen schönen englischen Sommer erlebt. Nachts regnete es, und tagsüber schien hell die Sonne. Alles war üppig und fruchtbar, und die langen Abende waren mit dem unvergleichlichen leuchtenden, rosafarbenen Licht der Dämmerung gefärbt, das man häufig in Großbritannien sieht. Cindy und ich machten mit Perth lange, langsame Abendspaziergänge am Fluss, in den Hügeln und an den Gerste- und Weizenfeldern entlang. Einen Großteil des Wegs trug ich sie.

Dann kam der Tag, an dem wir Abschied nehmen mussten. Die Felder waren vor kurzem abgeerntet worden, so dass nur noch die Stoppeln übrig geblieben waren. Viele wurden von den Farmern abgebrannt, damit sie fruchtbarer wurden. Die dunkle Nacktheit, wo vorher das wogende gelbe Korn gestanden hatte, passte zu unserer düsteren inneren Leere. Die Natur verwelkte und zog sich in sich zurück.

Im letzten Moment, als wir aus dem Dorf fuhren, hielten wir bei der Hollow Farm Hundepension. Andrew und Claire umarmten Perth unter Tränen. Ich konnte sie kaum von ihr trennen. Ich hatte Andrew erzählt, dass Barbara Perth einschläfern lassen würde, daher kamen seine Gefühle tief aus seinem Inneren. Claire wusste von nichts und beklagte den Verlust von Perth in ihrer Unwissenheit nur kurz. Cindy dagegen ließ ihren Tränen freien Lauf. Claire konnte nicht verstehen, warum sie so zusammenbrach. Ich nahm Perth rasch auf den Arm und trug sie durch das Tor in den Hof von Barbaras Farm. Zum letzten Mal roch ich ihren Groggy-Hunde-Duft. Ich spürte ihre samtigen Ohren und ihr weiches Fell. Ich massierte ihre Schultern, so wie sie es achtzehn Jahre lang gern gehabt hatte. Ich legte meine Nase auf ihre Schnauze und sah ihr tief in die Augen.

»Auf Wiedersehen, altes Mädchen. Du bist der wunderbarste Hund, der je auf der Welt war. Danke, liebes Hundchen, für das Leben, das du uns geschenkt hast. Ich liebe dich so sehr, liebe Perth. Kannst du mir die schlimmen Dinge, die ich dir angetan habe, verzeihen? Du hättest ein viel besseres Herrchen verdient.«

Sie sah mich intensiv und sehnsüchtig an. Die Liebe in ihren Augen traf mich tief in meinem Innern. Sie wurde nass von meinen Tränen. Sie leckte ein paar Mal meine Hand und mein Gesicht. Ich drückte sie fest und lang. Dann klopfte ich laut an die Tür. Barbara erschien, und ich legte Perth sanft in ihre Arme. Barbara sah, dass ich völlig fertig war, und wusste, dass es besser war, nichts zu sagen. Wir sahen uns nur an. Perth sah mich ebenfalls an. Ich küsste noch einmal ihren weichen braunen Kopf, drehte mich schnell um und ging fort. Perth gab keinen Laut von sich.

Kapitel 22

Ich möchte die Leser bitten, mit uns nach Virginia zu reisen, sich uns in dieser fernen Welt vorzustellen und an Perth zu denken, so wie wir es fünftausend Kilometer entfernt taten. In diesem Jahr schneite es stark, so dass wir uns weiter von unserem grünen Sussex entfernt fühlten als je zuvor. Cindy und ich sahen uns häufig in dem Bewusstsein an, dass wir abgesehen von einem Jahr alle zwanzig Jahre unserer Ehe mit Perth zusammengelebt hatten. Wir konnten uns die nächsten zwanzig Jahre nicht ohne sie vorstellen. Die Hälfte unseres Lebens war Perth bei uns gewesen.

Weihnachten kam und verging, und der Frühling in Virginia attackierte uns bald mit seiner spektakulären Zurschaustellung von Hartriegel-, Magnolien-, Apfel- und Kirschblüten. Es war wunderschön, aber ich ließ mich nicht beirren. Ich hatte meine Arbeit abgeschlossen und wollte unbedingt im Juni nach Hause zurück. Wir sehnten uns alle danach zurückzukehren.

Andrew und Claire waren am Boden zerstört, als sie von Perths Tod erfuhren, aber wir hatten acht Monate, um uns daran zu gewöhnen. Ich schickte Barbara einen großen Bildband über Hunde zu Weihnachten, aber sie hatte nicht zurückgeschrieben. Sie spürte, wie trostlos und düster Perths Schicksal war, und uns die Details schriftlich zu berichten war wahrscheinlich das Letzte, was sie tun wollte.

Eines Tages im April erhielten wir schließlich einen Brief von ihr. Ich habe ihn immer noch und kann daher Barbara für sich selbst sprechen lassen:

Liebe Peter und Cindy,
mein Weihnachtsbrief an Sie kam gestern aus den Staaten zurück, ich nehme an, weil ich ihn an eine falsche Adresse geschickt habe. Es war ein langer, ausführlicher Brief über Perth, in dem ich mich auch für das wunderschöne Buch bedankt habe, das Sie mir geschickt haben. Sie müssen sich gewundert haben, dass ich mich dafür nicht erkenntlich gezeigt habe! Das Buch wird sehr geschätzt.
Nun zu Perth. Als Sie weggingen und es mir überließen, alles zu erledigen, dachte ich jede Nacht, dass ich den Tierarzt am nächsten Morgen anrufen würde. Dann traf ich eines Nachts eine Entscheidung, und zwar, dass ich den Tierarzt anrufen würde, wenn sie krank wurde – nicht um sie behandeln zu lassen, sondern um sie einschläfern zu lassen –, und bis dahin wollte ich sie behalten, ohne Ihnen dafür etwas zu berechnen. Seitdem ist sie nicht einen Tag krank gewesen! Und jetzt, wo das Wetter besser wird, kann sie wieder mehr in der Sonne sitzen.
Wann kommen Sie zurück? Ich habe das Gefühl, dass sie dann noch bei uns sein wird! Ist das gegen Ihren Willen? Falls dem so ist, glaube ich, dass Sie selbst etwas unternehmen müssen. Ich bringe es einfach nicht übers Herz, es zu tun, wenn es ihr eigentlich gut geht. Wenn das Wetter kalt ist, hat sie nachts eine Wärmelampe; sonst ist bei ihr alles in Ordnung!
Ich hoffe, dass es Ihnen allen gut geht und dass Sie das Leben genießen. Nochmals vielen herzlichen Dank für das Buch.
Herzlichst, Barbara

Man kann sich den Jubel in unserem Haus vorstellen, nachdem ich den Brief laut vorgelesen hatte. Wir tanzten im Wohnzimmer herum. »Mein Gott, mein Gott, mein Gott«, rief Cindy, »Perth lebt noch!«

»Es ist wie eine Auferstehung«, sagte ich, »Perth ist neu geboren worden. Sie ist unsterblich! Ewig! Sie ist wie ein Phönix, der aus der Asche unserer Ängste und Zweifel aufsteigt. Was für ein Hund!«

Andrew verstand genau, was geschehen war.

»Denkt doch nur«, schrie er, »in einem Monat werden wir sie wiedersehen! Ich kann es gar nicht erwarten, mit ihr zum Feld zu laufen.« Claire erfasste die Freude im selben Moment und sie sprang aufgeregt herum. Aber erst nach einer Weile begriff sie, mit welchen Entscheidungen über Leben und Tod wir gekämpft, welche Düsternis und welchen Triumph wir erlebt hatten.

»Und Barbara sagt, dass es ihr gut geht«, fügte Cindy hinzu. »Wenn man sich das überlegt; acht Monate lang dachten wir, dass sie für immer fort ist. Jetzt, aufgrund dieses einen Briefs, existiert das nicht mehr. Es war nie real. Ich weiß einfach, dass sie noch lange bei uns sein wird. Und wir werden sie nie mehr verlassen, was auch geschieht.«

Ich stimmte zu. Und dieses Mal wusste ich, dass wir Perth nie mehr verlassen würden. Es konnte gar nicht anders sein. Sie hatte alles überlebt.

Wir kamen Ende Mai an einem sonnigen, klaren Morgen in England an. Die Landschaft wirkte im fröhlichen Sonnenlicht prächtig. Die Kletterrosen bedeckten in verschwenderischer Fülle Wände und Tore, die Bäume hatten sich in ihr frisches, sauberes Grün gekleidet, die Wiesen waren smaragdfarben und die violette Glyzinie rankte überall herunter. Alles funkelte im frühen Morgentau. England hatte noch nie so schön ausgesehen, und es war gut, am Leben zu sein.

Am späten Morgen kamen wir in Bury an und fuhren direkt zur Hundepension. Unsere Herzen klopften wild. Wer hätte an dem deprimierenden Morgen vor neun Monaten, als ich Perth voller Verzweiflung zu ihrer, wie wir damals glaubten, letzten Station trug, gedacht, dass wir sie nun wieder abholen würden? Unsere traurigen Herzen waren erfüllt von einer hellen morgendlichen Hoffnung im jungen Frühling.

Barbara war noch nie so erfreut gewesen, uns zu sehen. Dieses Mal umarmten wir sie alle. Sie stand in ihrem großen Morgenmantel inmitten ihrer Hunde auf dem Hof, der Engel, der Perths Befreiung erwirkt hatte. Wir waren der Meinung, dass sie heilig gesprochen werden sollte. Die heilige Barbara von der Hollow Farm. Sie ging flott zur Scheune, um Perth zu holen. Nach ein paar Sekunden kam sie heraus. Sie sah sehr gut aus. Vielleicht konnte sie uns über den Hof nicht klar erkennen, aber sie rannte auf uns zu. Sie hinkte leicht, aber sie rannte. Ihr Fell war sauber und glänzte wie der helle Tag. Wir liefen ihr entgegen und schlossen sie in unsere Arme. Sie roch gut, so wirklich.

Wir verabschiedeten uns von Barbara, und weiter ging's zum Appletree Cottage. Es war wunderschön anzusehen. Die Glyzinien rankten in großen violetten Kugeln am Haus herunter und überall waren Blumen. Wir rannten in den Garten und atmeten die Sommerluft ein, die duftend von den Feldern herüberwehte. Der Ausblick war beruhigend und magisch. Der Fluss bahnte sich strahlend blau seinen Weg durch das Tal. Perth machte sich sofort daran, überall herumzuschnuppern, sie wedelte wild mit dem Schwanz. Das Leben hatte für sie wieder begonnen, und für uns auch.

Seit unserer Rückkehr nach Bury haben wir viele idyllische englische Sommer erlebt, aber dieser Sommer war der freudige Höhepunkt. Wir waren alle zusammen, die ganze Zeit. Perth blieb bei guter Gesundheit. Sie hoppelte zwar herum, hörte und sah schlecht, aber sie hatte keine Schmerzen. Und es ging ihr weiterhin gut. In diesem Sommer war sie neunzehn. Sie lebte noch zwei weitere Jahre und erreichte umgerechnet ein menschliches Alter von 147 Jahren. Und was für ein Leben war es gewesen, voller Mut, Durchhaltevermögen, Abenteuer, Freiheit und Überlebenskampf. Sie war nicht jedermanns Liebling gewesen, aber sie war ein genialer Hund.

Wir begruben sie im Garten. Dort liegt sie heute. Der Rasenmäher rollt über sie hinweg, die Kinder spielen über ihr, Cindy und ich verlieren uns im wunderbaren Ausblick oberhalb der Hecke, die sich neben ihr befindet, lassen unseren Blick dann immer über ihre ewige Ecke im Garten wandern und denken an die einundzwanzig Jahre, in denen sie ungehindert umherstreifen konnte.

Ich erzähle diese Geschichte über Perth, viele Jahre nachdem sie gestorben ist. Während ich die Vergangenheit an mir vorbeiziehen lasse, stelle ich fest, dass meine eigene Jugend vorüber ist. Unsere Kinder sind erwachsen geworden, es kommt mir so vor, als hätte ich jahrhundertelang unterrichtet, und wir verbringen mittlerweile das halbe Jahr in Spanien und die andere Hälfte des Jahres im Appletree Cottage in unserem geliebten Sussex. Aber es ist, als wäre Perth noch bei uns. Wir reden ständig von ihr. Wenn ich an die unglücklichen Tage in Vermont denke, schmerzt es mich immer noch. Sie war ein außergewöhnlicher Hund, nicht einfach irgendein entzückendes Haustier, aber auch kein Hund, der eine Heldenrolle in einem Buch oder Film spielt. Das Leid, das sie verursachte, ist natürlich nichts im Vergleich zu dem menschlichen Elend auf der ganzen Welt, über das wir täglich etwas hören, nichts im Vergleich zu den persönlichen Tragödien und öffentlichen Katastrophen, die das Leben von Millionen aus der Bahn werfen. Aber Perth beeinflusste unser Leben erheblich und verursachte bei uns manchmal die größte Agonie. Sie hat Abenteuer, Dramatik und Freude in unser Leben gebracht. Sie hat uns für immer verändert. Ich denke oft, dass es eine der Unstimmigkeiten des Lebens ist, dass ein Hund wie Perth nur einundzwanzig Jahre leben kann und Menschen wie wir für den Rest unserer Tage ohne sie leben müssen. Unsere Kinder haben an ihrer Stelle angeknüpft, aber natürlich war Perth unersetzbar. Seit ihrem Tod hat es nicht einen Tag gegeben, an dem ich nicht an sie gedacht habe. Ich bin zufrieden.

»Es gibt keine wichtigere Aufgabe als die Re-Lokalisierung unserer Wirtschaft – sie wird helfen, alles zu heilen, von der Klimazerrüttung bis zur menschlichen Tristesse, und dieses Buch wird Ihnen sagen, wie es geht, mit Zeugnissen von einigen der bemerkenswertesten Pioniere der Welt.«

Bill McKibben, Autor von *Falter: Has the Human Game Begun to Play Itself Out?*

»Helena Norberg-Hodge, eine der großen visionären Stimmen unserer Zeit, erklärt in klaren und einfachen Worten, warum Sie, Ihre Kinder und die überwiegende Mehrheit der Weltbevölkerung es fast unmöglich finden, einen angemessenen Lebensunterhalt zu verdienen, während die Erde stirbt und einige wenige, bereits obszön reiche Individuen ihr Vermögen jedes Jahr um Milliarden vermehren. Anhand von inspirierenden Beispielen aus der ganzen Welt zeigt sie auf, was wir, die Menschen, gemeinsam dagegen tun können. Eine Pflichtlektüre für unsere Zeit.«

David Korten, Autor von *When Corporations Rule the World* und *Change the Story, Change the Future: A Living Economy for a Living Earth*

»Ein großartiger Überblick über die Probleme einer globalisierten Wirtschaft und die Möglichkeiten, wie echte Menschen an echten Orten die Reise zurück zum Wohlstand antreten können.«

Douglas Rushkoff, Professor für Medientheorie und digitale Wirtschaft

»Lassen Sie sich nicht von der Kürze dieses Bandes täuschen: Die Weisheit auf diesen Seiten, die Helena Norberg-Hodges lebenslange Arbeit in Dutzenden von Ländern widerspiegelt, hat die Kraft, die Erde vom Abgrund zurückzuholen. Sie zeigt, wie die Wiederherstellung von Gemeinschaftsökonomien der wesentliche Baustein für globalen Wohlstand, Stabilität und Gerechtigkeit ist. Lesen Sie es, teilen Sie es mit Ihren Freunden und schließen Sie sich der globalen Bewegung für eine Lokalisierung der Wirtschaft an!«

Michael H. Shuman, Autor von *The Local Economy Solution* und *Local Dollars, Local Sense*

»Helena Norberg-Hodge ist eine Systemdenkerin mit internationaler Erfahrung, die mit ihrem Aufruf zum ›Big Picture Activism‹ die konventionelle Links-Rechts-Spaltung durchbricht, um unsere überholten Vorstellungen von Fortschritt und Entwicklung mit Leben zu erfüllen. Dieses Buch bietet Hoffnung und Inspiration sowie pragmatische und strategische Leitlinien für strukturelle Veränderungen sowohl im Globalen Norden als auch im Süden.«

Camila Moreno, Klimaforscherin, Autorin von *Carbon Metrics and the New Colonial Equations*

»Die globale Wirtschaft führt einen Krieg gegen die kulturelle und biologische Vielfalt und bedroht damit die Lebensgrundlage insgesamt. Im Gegensatz dazu ist, wie dieses wunderbare kleine Buch deutlich macht, die Lokalisierung der größte Freund und Unterstützer der Natur. Local is Our Future bietet eine liebevolle und klare Anleitung, die uns hilft, die Erde zu regenerieren und zu heilen.«

Stephan Harding, Autor von *Animate Earth*

»Lokal ist in der Tat unsere Zukunft, und Helena Norberg-Hodge zeigt uns, wie wir dorthin gelangen können. Sie macht deutlich, dass es dabei vor allem um Verbindung geht: miteinander, mit der Natur, mit dem Ort. Dies ist ein unverzichtbarer Leitfaden, der den Weg zu einer Wirtschaft des menschlichen und ökologischen Wohlbefindens aufzeigt. Und wenn wir uns dem Klimawandel gegenübersehen, geht es um unser Überleben.«

Judy Wicks, Autorin von *Good Morning, Beautiful Business* und Mitbegründerin der Business Alliance for Local Living Economies (BALLE)

»›Lokal ist unsere Zukunft‹ ist ein inspirierendes Manifest. Die Globalisierung zerstört unsere Gemeinden und unseren Planeten, aber Helena präsentiert eine überzeugende, positive Lösung, die ich voll und ganz unterstütze.«

Alice Waters, Gastronomin und Aktivistin für lokale Lebensmittel